Kalashatra Govinda

Das Geheimnis der 7 Lotosblüten

Kalashatra Govinda

Das Geheimnis der 7 Lotosblüten

Geschichten über das spirituelle Erwachen

Mit Meditationen zur Aktivierung der Chakras

IRISIANA

MIX Papier aus verantwortungsvollen Quellen FSC® C014496 FSC www.fsc.org

Klimaneutral* Druckprodukt ClimatePartner.com/14044-1912-1001

Penguin Random House Verlagsgruppe FSC® N001967

1. Auflage

Illustrationen (Chakras): Irisiana/Sabine Timmann
Satz: Uhl + Massopust, Aalen
Projektleitung: Sven Beier
Umschlaggestaltung: Geviert, Grafik & Typografie
Umschlagmotiv: © gettyimages/PaCondryx; shutterstock/Katsiaryna Pleshakova
Druck und Bindung: GGP Media GmbH, Pößneck
Printed in Germany
ISBN: 978-3-424-15419-1

INHALT

Ramesh und das Schwert 9
1 Der Korbflechter 9
2 Der Schmied 19
3 Der Schwertmeister 25
Der unsichtbare Tiger 33

Chandra, der Götterschnitzer 39
1 Der Holzschnitzer 39
2 Verzweiflung 46
3 Der Flötenspieler 50
Das Bett des Rajas 53

Kama und Krishna 57
1 Die Liebe der Kurtisane 57
2 Mordgedanken 61
3 Der Yogi 65
Die drei Gaben 67

Mohandas' Verwandlung 75
1 Der Tuchhändler 75
2 Die Frucht des Hasses 78
3 Die Segnung 81
Der Mönch, der die Liebe vergaß 85
Eine Handvoll Reis 89
Janani und Kirana 91

Majandras Stille 95
1 Der Musiklehrer 95
2 Das Schweigen 98
3 Der Klang der Stille 104
Der Zauberspruch 104
Die Pusteblume 113

Savitri und das Kind 117
1 Die Zauberin im Wald 117
2 Verzweiflung. 122
3 Die Heilerin 124
Der Hirte und der Deva 126

Amal, der Lehrer 133
1 Die Reisenden. 133
2 Der Tempel 142
3 Das Erwachen. 148
Der Raja aller Welten. 150

Das Geheimnis der Chakras 153
Eine spirituelle Reise 154
Die Bedeutung der Chakras und Chakra-Meditation. . 155
1 Das Wurzelchakra 161
2 Das Sakralchakra 163
3 Das Nabelchakra 167
4 Das Herzchakra 171
5 Das Halschakra. 175
6 Das Stirnchakra 179
7 Das Kronenchakra 183

Zum Abschied 185

Glossar. 187

Ramesh und das Schwert

1 Der Korbflechter

Nicht weit vom großen Fluss, auf dem staubigen, unfruchtbaren Boden des kleinen Dorfes vor der alten Stadt, schmiegten sich die Hütten der armen Handwerker aneinander, als ob sie sich gegenseitig stützen wollten.

Die rote Morgensonne weckte die Menschen; schon früh herrschte geschäftiges Treiben. Sobald man die Hand vor Augen sehen konnte, begannen die Tagelöhner, Näher, Färber und Korbflechter ihre Arbeit, denn Kerzenlicht war teuer, nur das Sonnenlicht war umsonst. In der kleinen Hütte des Korbflechters Ravi gebar seine Frau Ajala ein Kind. Und als der erste Strahl der Sonne das Haus berührte, kam das Kind zur Welt und tat seinen ersten Schrei, so als ob es nur auf die Sonne gewartet hätte. Ajala und Ravi betrachteten das Neugeborene voller Stolz. Ramesh sollte das Kind heißen, dem Gott Vishnu zu Ehren.

Ravi küsste seine Frau zärtlich auf die Stirn und sah mit Staunen und Freude auf seinen Sohn. Welch Glück! Gleich das erste Kind ein Sohn, der seine Linie fortsetzen würde. Gesund und kräftig war das Kind, kräftig seine Stimme, rot die Bäckchen und rund die Glieder. »Ramesh, mein Sohn«, flüsterte er und dankte den Göttern für das Geschenk.

Ravi war arm, doch nun war er durch seinen Sohn reich geworden. Und von nun an würde er sich doppelt anstrengen, damit es sein Sohn einmal besser habe als er. Auch sein Ramesh würde natürlich Korbflechter werden, doch vielleicht würde er einst eine große Werkstatt mit vielen Lehrlingen und Gesellen haben. Ravi träumte von einer großen Zukunft für sein Kind, wie es wohl alle Eltern tun.

Und wirklich schien mit dem Kind das Glück in die ärmliche Hütte eingezogen zu sein. Die Arbeit ging dem Korbflechter leichter von der Hand, und seine Waren verkauften sich besser auf dem Markt. Vielleicht machte das glückliche Gesicht des Vaters auch die Kunden ein wenig glücklicher, und sie kauften gern, zumal die Körbe und anderen geflochtenen Waren von vollkommener Qualität waren.

Als Ramesh einen Monat alt war, gerade zum Neujahrsfest, zog ein blinder Wahrsager durch das kleine Dorf am Rande der großen Stadt. Und er kam direkt zum Hause Ravis, der vor seiner Hütte saß und Körbe flocht.

»Brahma segne dieses Haus!«, sprach der Blinde. »Hier ist ein Knabe geboren worden, und ich möchte euch sein Schicksal weissagen.«

Ravi sah den Alten mitleidig an und schüttelte den Kopf, denn er hielt nichts von der Wahrsagerei. Der Blinde sah seine ablehnende Geste nicht und trat näher. Und schon eilte Ajala mit dem Kind aus dem Haus und sprach zu ihrem Mann: »Ravi, mein Lieber, lass doch den Wahrsager sprechen – ich möchte das Schicksal meines Kindes erfahren!«

Ravi lächelte belustigt. »Nun gut, Alter. Was haben die Götter wohl mit meinem Sohn im Sinn?«

Auch der Blinde lächelte und trat näher. »Was die Götter planen, das weiß ich nicht. Doch im Herzen eines jeden Menschen steht sein Schicksal geschrieben. Und wenn meine Augen auch ihr Licht verloren haben, so sieht mein Herz umso klarer. Bringt mir den Knaben, auf dass ich ihn berühren kann.«

Eifrig hielt Ajala dem Wahrsager Ramesh entgegen, ein wenig ängstlich zwar, aber doch neugierig. Ramesh sah mit großen Augen den Alten an, doch er fürchtete sich nicht und lächelte. Als der Mann das Gesicht des Kindes berührte, strahlten seine blinden Augen.

»Großes Glück verheißt dieses Kind«, sprach er. »Zu Wohlstand und Ansehen wird er gelangen, doch all dies hat keine Bedeutung – denn Weisheit und Ruhm sind ihm bestimmt.«
Ravi verzog den Mund. »Übertreibst du nicht ein wenig, Alter? Du bist blind und siehst wohl nicht, wo du deine Kunst ausübst. Ich bin nur ein armer Korbflechter und werde dir gewiss keinen Vorschuss auf den künftigen Wohlstand meines Sohnes geben.«
Ajala drückte verstohlen den Arm ihres Mannes und flüsterte ihm ins Ohr: »Beleidige den weisen Mann nicht! Weißt du denn gewiss, dass unser Kind nicht tatsächlich zu Großem berufen ist?«
»Ach was!«, sagte Ravi zu seiner Frau und sprach zu dem Blinden: »Ja, gewiss, ein großer Korbflechter wird er werden, sich gar einen Palast flechten und eine Prinzessin heiraten, auf den Wolken fliegen und mit Lord Vishnu selbst beratschlagen …«
Der Blinde lächelte und hob die Hand. »Seid beruhigt, guter Mann. Ich will keine Belohnung. Nur sollt Ihr wissen, dass Eurem Sohn nicht bestimmt ist, Euch nachzufolgen. Er wird nicht den ehrbaren Beruf des Korbflechters ausüben, so sehr Ihr Euch das auch wünschen mögt.«
Bisher war Ravi eher belustigt, doch nun loderte die Flamme der Wut in ihm auf. »Du bist zu weit gegangen, Alter«, fauchte er. »Reichtum und Weisheit könnt ihr ihm gern voraussagen. Doch ich will nichts davon wissen, dass mein Sohn nicht mein Handwerk lernen soll, wie ich es von meinem Vater gelernt habe und wie dieser es schon von seinem Vater beigebracht bekam. So haben es die Götter bestimmt!«
Der Alte schüttelte den Kopf. »Nicht du oder ich entscheiden über das Schicksal oder den Willen der Götter. Ich möchte Euch nur ans Herz legen, dass Ihr Eurem Sohn seinen schweren Weg nicht schwerer machen möget. Denn auch wenn ihm Reichtum, Ansehen und Weisheit vorherbestimmt sind, so wird er doch viele Hindernisse überwinden müssen. Seht Euch vor, dass Ihr

nicht selbst eines dieser Hindernisse seid; es wäre nur zu Eurem Schaden.«

Ravi wurde zornig und hob die Hand zum Schlag, doch der Blinde richtete seine erloschenen Augen auf ihn, sodass er unwillkürlich im Schlag innehielt.

»Geht nun, Alter«, presste er hervor und wandte sich ab. Doch Ajala trat zu dem Blinden, flüsterte einen leisen Dank und drückte ihm eine kleine Münze in die Hand.

»Danke, mein Kind«, sprach der Alte und legte Ajala die Hand auf die Stirn und berührte dann auch die Stirn des Kindes. »Lebe wohl und gib deinem Kind die Kraft deiner Liebe mit auf den Weg, dann wird sich alles zum Guten wenden.«

Und mit festem Schritt wandte sich der Blinde ab und wanderte weiter auf der staubigen Straße zur großen Stadt.

Das Leben des Korbmachers ging seinen gewohnten Gang, und bald waren der Blinde und seine Prophezeiung vergessen. Nun, vielleicht nicht völlig: Ajala sah ihren Sohn von nun an möglicherweise noch ein wenig liebevoller an, und in ihrem Blick lag ein warmes Gefühl der freudigen Erwartung einer frohen Zukunft. Ravi hingegen begann ein wenig früher damit, seinen Sohn die Korbflechterei zu lehren, als er es ohne die Weissagung des Alten getan hätte.

Der kleine Ramesh stellte sich in allen Dingen geschickt an, war ein wenig neugieriger und wissensdurstiger als andere Kinder. Und so erlernte er die Anfänge des Handwerks seines Vaters spielend leicht. Von der großen Zukunft, die ihm vorausgesagt worden war, war bei dem dreijährigen Knaben nichts zu bemerken.

Die Geschäfte des Korbflechters liefen indes nicht sonderlich gut. Im Vergleich zu der Zeit gleich nach der Geburt seines Sohnes, die der Höhepunkt im Leben der armen Handwerkerfamilie gewesen war, liefen sie sogar außerordentlich schlecht. Damals war Ravi noch voller Hoffnungen gewesen; doch diese hatten sich zerschlagen. Er verkaufte immer weniger auf dem Markt. An der Qualität seiner Körbe lag es sicherlich nicht. Doch sei es, dass es zu viele Korbflechter oder nicht genug Bedarf nach den Waren des Korbflechters gab: Das Geld war knapp, und mitunter war das Essen kaum ausreichend, um die ganze Familie satt zu bekommen.

Ajala litt am meisten darunter. Zweimal schon war sie schwanger geworden, doch zweimal war das Kind in ihrem Bauch gestorben. Und als Ramesh fünf Jahre alt war, wurde Ajala krank.

Ravi machte sich große Sorgen. Er kramte das wenige Ersparte aus dem Versteck unter der Bettstatt und holte einen Arzt. Der kam nur unwillig und erst, als Ravi ihm das Geld gezeigt hatte. Der Arzt blieb nicht lang. Er fühlte den Puls, sah in Ajalas Augen und tastete ihren Bauch ab. Als er aufstand und sich an Ravi wandte, erschien ein Schimmer des Mitleids auf seinem Gesicht. Er legte Ravi eine Hand auf die Schulter und sprach: »Ravi, du musst nun Kraft haben. Leider kann ich nichts mehr tun. Deine Frau wird noch in dieser Woche sterben.« Und er nahm nur eine kleine Münze von Ravis Geld.

Ravi blieb am Bett seiner Frau, versuchte ihr Tee einzuflößen, trocknete ihren Schweiß, der dann und wann in Strömen floss. Der kleine Ramesh wollte helfen. Doch der Vater duldete es nicht und vertrieb ihn vom Lager seiner Mutter. Obwohl Ramesh nicht verstand, was geschah, so ahnte er es doch und war voller Angst.

Am dritten Tag erwachte Ajala aus ihrem tiefen Schlaf. Zum ersten Mal seit vielen Tagen sprach sie wieder, doch ihre Stimme war schwach, und es schien Ravi, als spräche seine Frau bereits aus der jenseitigen Welt. »Ravi, mein lieber Mann«, sprach die Sterbende. »Bete für mich, dass ich eine gute Wiedergeburt haben möge. Und achte auf unseren kleinen Ramesh. Vergiss nicht den Wahrsager. Unser Kind wird einen besonderen Weg gehen. Gib ihm all deine Liebe, da ich sie nun nicht mehr geben kann.«

Ravi liefen die Tränen wie Bäche die Wangen hinab. Ramesh klammerte sich an das Bein seines Vaters. »Pita, lass Maan nicht sterben!«
Ravi strich seinem Sohn über das Haar, ohne ihn richtig wahrzunehmen. Sein Herz war ganz bei seiner Frau. So saß er noch drei Stunden, dann öffnete Ajala ein letztes Mal ihre Augen; sie blickte umher, als würde sie nach etwas suchen. »Ramesh...«, flüsterte sie. Mit einem tiefen Stöhnen atmete sie aus, und ihre Seele verließ ihren Körper.
Ravi stürzte mit einem Aufschrei zu Boden und rollte sich in seinem Schmerz zusammen, wie ein Mungo. »Ajala, Ajala...«, wiederholte er voller Verzweiflung wieder und wieder, bis er die Besinnung verlor.

Das Leben in der kleinen Hütte des Korbflechters war fortan vom Schatten des Todes verdunkelt. Ramesh weinte nachts um seine Mutter – und des Tages über seinen Vater, der seinen Schmerz erst in kalter Stille, dann in heißer Wut lebte. Der Verlust der liebenden und geliebten Mutter lastete schwer auf dem Herzen des kleinen Jungen, doch bald schon wurde die Lieblosigkeit des Vaters die noch schwerere Last. Immer häufiger wurde Ramesh gescholten oder überhaupt nicht beachtet, so als wäre er ein körperloser Geist. Und oft ging er mit schmerzendem Bauch, ohne Essen, zu Bett.
Als der Vater sein Leid zunehmend im Trunk zu vergessen suchte, wurde alles noch schlimmer. Lallend und wirre, wilde Lieder singend torkelte er lange nach Sonnenuntergang ins Haus, wo Ramesh hungrig und angstvoll wach lag. Die anderen Kinder lachten über Ravi und auch über Ramesh, seinen stillen Sohn; denn Ramesh sprach kaum ein Wort. Zunächst war Ramesh verwirrt und traurig, doch immer mehr begann er, sich seines Vaters zu schämen. Aus Scham wurde allmählich Verachtung und schließlich Wut.

Vater schlug ihn das erste Mal, als Ramesh ihn fragte, warum er denn so sei, warum er trinke und schreie und sich zum Gespött der anderen mache. Von dem Tage an wurde er immer häufiger geschlagen, meist wegen Nichtigkeiten und nicht selten sogar ohne Anlass. Ramesh begann, seinen Vater zu hassen. Der Schatten auf seiner Seele war zu nachtschwarzem Stein geronnen.
So vergingen die Jahre voller Unglück und Schmerz. Das Leben erschien Ramesh – und wohl auch Ravi – wie ein hoffnungsloser, unwegsamer Sumpf in einem dichten Nebel, aus dem kein Weg hinaus, sondern alle Pfade nur immer noch tiefer hineinführten.

Als Ramesh neun Jahre alt war und sein Vater ihn eines Tages wieder einmal wegen einer Nichtigkeit verprügelte, beschloss er das Haus, das ihm schon lange kein Heim mehr war, zu verlassen und fortzulaufen. Er dachte nicht daran, wohin. Nur fort. Und so schlich sich Ramesh im Morgengrauen, während sein Vater noch trunken vom billigen Wein schlief, aus dem Haus seiner Eltern und machte sich auf den Weg in die große Stadt.

Seine Füße bluteten schon vom stundenlangen Wandern, als er die ersten prachtvollen Gärten der Reichen am Rande der Stadt erblickte. Ramesh konnte sich an den Wundern nicht satt sehen – die farbenprächtigen, duftenden Blumen, die alten Bäume und die kleinen, mit Lotosblumen geschmückten Teiche … Hier müssen wohl die Götter wohnen, dachte Ramesh.
Unbedingt wollte er das saftige, grüne Gras unter seinen wunden Füßen spüren. Keiner der »Götter« war zu sehen, nur ein paar stolze Pfauen schritten in weiter Entfernung durch den Garten. Ramesh blickte nochmals um sich, doch da niemand zugegen war, stieg er heimlich über die niedrige Mauer in das Wunderland. Das Gras war noch weicher, als er es sich vorgestellt hatte. Wie wäre es wohl, auf diesem wunderbaren, grünen Teppich zu liegen? Ramesh war müde und hungrig. Dort unter dem

Baum lagen herrliche, grün-gelbe Früchte, die einen köstlichen Duft verströmten. Ramesh hatte noch nie dergleichen gekostet. Ob er eine versuchen sollte? Der Baum hing ja voller Früchte; die Götter konnten doch wohl kaum etwas dagegen haben, wenn er eine von denen aß, die der Baum ohnehin abgeworfen hatte? Verstohlen hob Ramesh eine auf und biss vorsichtig hinein. Oh, diese Süße! Und in ihrer Mitte lag ein wundersamer Stein! Ramesh saugte auch noch die kleinsten Fruchtreste vom Kern und steckte den »Stein« in seine Tasche, bevor eine große Müdigkeit über ihn kam. Und so schlief Ramesh, der Sohn des Korbmachers, im Schatten des Mangobaumes im Garten der Götter ein.

Ein schmerzhafter Tritt weckte ihn aus wohligen Träumen, und im ersten Moment glaubte er, sein ganzes Abenteuer nur geträumt zu haben. Doch ein weiterer Tritt weckte ihn vollends. »Was tust du hier, du Wicht?« Ein großer und sehr dicker Mann in einem weiten Gewand aus kostbarem Stoff, mit einem langen Stock in der Hand, schrie Ramesh an und versetzte ihm einen weiteren Tritt. Das musste wohl einer der »Götter« sein, dachte Ramesh und kniete vor ihm nieder, die Stirn zu Boden senkend. Ein harter Stockhieb traf seinen Rücken, sodass er laut aufschrie.

»Willst du meinen Herrn etwa bestehlen, du nichtswürdige Kreatur?«, schrie der Koloss – offenbar doch kein Gott – und schlug mit seinem Stock erbarmungslos auf Ramesh ein.

»Ach Herr, ich wollte nichts stehlen«, weinte Ramesh. »Nur eine zu Boden gefallene Frucht …« Weitere Stockhiebe prasselten auf ihn ein, begleitet von Flüchen.

»Die Bäume meines Herrn wolltest du also plündern! Zeig, was du gestohlen hast.« Er packte Ramesh am Arm und riss ihn hoch, griff nach Rameshs kleinem Stoffbeutel und schüttelte ihn triumphierend. Er schlug Ramesh mit der flachen Hand ins Ge-

sicht. »Du hast noch einmal Glück gehabt, dass ich den Aufseher nicht hole. Nun mach, dass du fortkommst!«
Weinend wollte Ramesh seinen Beutel aufheben, doch ein Tritt beförderte ihn wieder zu Boden. Er rappelte sich auf; ihm wurde fast schwarz vor Augen, und er taumelte auf die Mauer zu.
»Wohin willst du, kleiner Dieb?«, schrie der Mann. Ramesh rannte los; zwei Stockschläge trafen ihn noch, dann war er über die Mauer und lag auf der staubigen Straße.
»Fort mit dir! Und lass dich nur nie wieder erwischen! Muss ich über die Mauer steigen, wirst du es bereuen!«
Mühsam kam Ramesh auf die Beine und taumelte halb bewusstlos die Straße entlang. Er wusste nicht, wohin er lief; nur weg von den Schlägen … Und er lief immer weiter, bis er schließlich zu seiner großen Überraschung wieder genau dort angelangt war, wo seine Reise an diesem Morgen begonnen hatte: vor dem Haus seines Vaters.
Die Sonne ging blutrot unter. Ramesh wagte es nicht, das Haus zu betreten. Aber er konnte nicht mehr weiter. Schließlich umfing ihn gnädig die Bewusstlosigkeit, und er sank im Schmutz der Straße zu Boden.

Als er erwachte, lag er in seinem Bett, sein Vater Ravi an seiner Seite, mit sorgenvollem Blick und Tränen in den Augen.
»Ramesh, mein Sohn, ich fürchtete schon, dich verloren zu haben.« Er strich Ramesh durch das Haar. »Wer hat dir das angetan? Dein Rücken war voller Blut. Wer hat es gewagt, dich zu schlagen …« Dann, als ihm zu Bewusstsein kam, dass er selbst Ramesh oft genug verprügelt hatte, schlug er die Hände vor sein Gesicht und weinte, wie er seit dem Tode Ajalas nicht mehr geweint hatte. Und von diesem Tage an wurde Ramesh nie wieder von seinem Vater geschlagen.

Die Wunden auf Rameshs Rücken verheilten, und sogar die Wunden in den Seelen der kleinen Familie begannen langsam zu heilen. Ravi hörte zwar nicht mit dem Trinken auf, doch er war nie mehr besinnungslos betrunken. Er schalt Ramesh, wenn er Fehler machte, doch seine Worte waren nicht mehr voller Wut und Gewalt. Obwohl Rameshs Leben dadurch einfacher wurde, hegte er doch einen geheimen Traum: Er wollte reich werden, er wollte einen Göttergarten besitzen und über Diener gebieten. Er malte sich dieses innere Bild immer bunter aus – er stellte sich vor, wie er in reichen Gewändern durch den Garten wandelte, die köstlichsten Früchte von seinen Bäumen pflückte und wie er seinen Dienern befahl, das herabgefallene Obst auf die Mauer zu legen, damit müde Wanderer es genießen konnten. Nie dürfte ein Diener einen armen Jungen schlagen, der sich in den Garten verirrt hatte. Und sollte tatsächlich eines Tages so ein Junge in den Garten kommen, so würde er ihn reich bewirten und ihm Geschenke mit auf den Weg geben …

Solchermaßen wiederholten sich seine Träume Tag für Tag, und mit jedem Mal wurde die Begierde stärker. Und mit der Begierde wuchs der Entschluss, niemals, wie sein Vater, Korbflechter zu werden.

Was würde Vater wohl sagen, der immer stärker in ihn drang, das Handwerk nun ernsthaft zu erlernen? Ramesh fürchtete sich vor dem Augenblick, da er dem Vater seinen Entschluss mitteilen musste. Und dieser Augenblick kam schon sehr bald. Vater wurde wütend, wie Ramesh es erwartet hatte. Auch Schläge hatte er erwartet, doch obwohl Ravi die Hand zum Schlag erhob, schlug er nicht zu. »Warum? Warum? Warum?«, schrie er nur.

»Weil ich reich werden will!«, schrie Ramesh zurück.

Seinem Vater blieb der Mund offen stehen, und auf seinen Wangen zeigten sich rote Flecken. Dann lachte er laut auf, schlug sich die Hand vor den Kopf und stürzte aus dem Haus. Erst spät nachts torkelte er wieder zurück, nach langer Zeit erstmals wieder sehr betrunken. Er trat neben Rameshs Lager. Ramesh befürchtete, dass es die Schläge, die ihm zuvor erspart geblieben waren, nun doppelt setzen würde. Doch sein Vater sah ihn nur ernst an und sprach mit weinschwerer Zunge: »Nun, mein Sohn; reich willst du also werden und nicht wie dein Vater und dein Großvater und dessen Vater Körbe flechten. Nun – ich kann dir keinen Reichtum geben und weiß auch nicht, wie du ihn erlangen kannst. Doch morgen wirst du einen anderen Weg gehen, als die Götter ihn dir vorgezeichnet haben: Du wirst Karulas, des Schmiedes Lehrling. Magst du dir dort dein Glück schmieden!« Ohne weitere Worte wandte sich Ravi ab, fiel auf sein Bett und war sofort eingeschlafen. Ramesh dagegen lag noch lange wach und dachte über die Worte des Vaters nach.

2 Der Schmied

Karula, der Schmied, war für seine Ruppigkeit und Schweigsamkeit bekannt. Er war groß, und obgleich nicht mehr der Jüngste, allen Jüngeren an Kraft überlegen. Seine Augen waren von klarem Blau und sein Blick durchdringend, sein langes Haar und sein Bart waren von grauen Strähnen durchzogen. Nicht, dass Karula je gewalttätig geworden wäre, doch alle fürchteten seine starken Arme und seinen prüfenden Blick. Keiner hatte ihn je mehr sagen hören, als ein gebrummtes »Hmm«, wenn er einen Auftrag bekam; Fragen beantwortete er nur mit knappen Gesten, und zur Ablehnung einer Frage genügte ihm ein Blick. Meinte Vater es wirklich ernst, dass Ramesh zu diesem Furcht einflößenden Mann in die Lehre gehen sollte? Wie war er nur auf diese seltsame Idee gekommen? Ramesh hoffte, dass Vater nur im Weinrausch gesprochen hatte und ihm Angst einjagen wollte. Er stellte sich vor, wie er vor dem riesigen Schmied stand, der ihm mit funkelnden Augen Befehle erteilte, die er weder verstehen noch ausführen konnte. Ramesh wollte sich gar nicht erst ausmalen, welche Strafen ihn wohl erwarten mochten. Vielleicht würde er mit glühendem Eisen gebrannt? Er begann am ganzen Leib zu zittern. Doch langsam beruhigte er sich wieder. Wie hätte Vater den Schmied dazu bringen können, ihn als Lehrling aufzunehmen? Das konnte eigentlich gar nicht sein. Aber dann kam ihm ein weiterer Gedanke: Falls es seinem Vater doch ernst war, würde Ramesh nie Korbflechter werden müssen, was sich gut anfühlte und besser zu seinen Plänen passte. Nun war der Schmied ganz gewiss auch nicht reich; doch Ramesh hatte das Gefühl, dass Schmied zu sein, ihn dem Reichtum ein winziges Stückchen näher brachte. Immerhin war es nicht Korbflechten. Mit solchen gemischten Gedanken und Gefühlen schlief Ramesh in den frühen Morgenstunden ein.

»Ramesh, wach auf! Es ist Zeit.« Sein Vater rüttelte ihn an der Schulter. Täuschte sich Ramesh oder stand tatsächlich eine Träne in Vaters Auge? War etwas passiert? Ach nein – jetzt fiel es ihm wieder ein: Er sollte Lehrling des Schmieds werden. Mit einem Mal standen ihm alle seine Befürchtungen wieder lebhaft vor Augen; er wünschte, er hätte nie mit Vater gestritten und wäre wie er Korbflechter geworden. Wie sollte er je das Schmiedehandwerk erlernen? Ramesh schluckte und musste mühsam die Tränen unterdrücken. Aber nun konnte er nicht mehr zurück. Selbst wenn er es versucht hätte; ein Blick in Vaters Gesicht zeigte ihm, dass der Entschluss endgültig war.
Im Inneren bebend folgte er Vater. Als sie sich der Schmiede näherten, zitterten seine Knie, dass er kaum noch gehen konnte. Was hatte er sich da nur eingebrockt…

Karula stand in seinem ledernen Schurz am Amboss und hieb mit seinem schweren Hammer auf ein rot glühendes Stück Eisen ein. Schon aus der Entfernung waren die Schläge zu hören, und jeder Schlag ließ Ramesh zusammenzucken, als wäre er selbst geschlagen worden. Verstohlen warf er einen Blick auf seinen Vater, doch Ravi blickte wie versteinert in die Ferne. Als sie sich der Schmiede näherten, ließ Karula den Hammer sinken, griff mit einer Zange das Werkstück und tauchte es in eine Wanne mit Wasser. Es zischte, und Dampf stieg auf. Ramesh fühlte sich, als müsse er sich gleich übergeben. Aus der Nähe betrachtet sah der Schmied noch bedrohlicher aus, als er es sich vom Hörensagen vorgestellt hatte.

Karula wandte sich den beiden zu und ließ sein Auge auf Ramesh ruhen. Eine Weile standen die drei wortlos da, dann sprach Ravi: »Hier bringe ich dir deinen Lehrling, wie wir es vereinbart haben. Und …« Ravi schien noch mehr sagen zu wollen, doch der Schmied hob nur streng eine Augenbraue, und er verstummte. Karula trat einen Schritt näher und blickte Ramesh direkt in die Augen. Der Knabe hatte das Gefühl, der Schmied würde direkt in sein Herz blicken. Ein kaum merkliches Nicken und Ravi sagte leise: »Nun, Ramesh, mein Sohn, möge Vishnu mit dir sein!«

Ramesh sah seinen Vater halb flehend an, doch der blickte mit leeren Augen in die Ferne, legte Ramesh noch kurz die Hand auf die Schulter und wandte sich zum Gehen. Ramesh wäre ihm am liebsten sofort nachgelaufen, hätte ihn um Verzeihung gebeten und versprochen, ein guter Korbflechter zu werden – doch er war wie gelähmt. Tränen liefen in Bächen seine Wangen hinab.

Karulas Blick ruhte eine Weile auf dem Knaben, dann bedeutete er Ramesh mit einer kleinen Kopfbewegung, ihm zu folgen. Wie ein Schaf zur Schlachtbank trabte ihm der Knabe hinterher.

Karula trat an einen Blasebalg und fachte die Glut in der Esse an. Dann überließ er Ramesh diese Arbeit. Ramesh versuchte, es so zu machen, wie es Karula vorgemacht hatte, und offenbar machte er es richtig, denn der Schmied nickte zustimmend.

Dann ergriff er wieder mit der Zange das zuvor schon bearbeitete Metallstück und legte es in die Glut. Als es rot glühte, legte er es auf dem Amboss zurecht und hieb mit dem Hammer darauf ein. Dann und wann warf er Ramesh einen Blick zu, ob er auch gut aufpasste.

Bald waren Rameshs Arme müde, und er sah den Schmied fragend an. Doch der nickte nur leicht, und Ramesh verstand: Er sollte weiter den Blasebalg bedienen. Schließlich waren seine Arme jedoch so schwach, dass es ihm selbst mit aller Willenskraft nicht mehr gelang, den Blasebalg auch nur noch ein einziges Mal zusammenzudrücken. Er versuchte es dennoch, denn er wagte nicht, sich auszumalen, wie sein Meister ihn bestrafen würde, wenn er aufgab. Karula hatte ihn die ganze Zeit über beobachtet, und nun sprach er, zu Rameshs größter Überraschung, die ersten Worte: »Es ist gut.«

Seine Stimme klang tief und freundlich, und Ramesh fühlte sich sogleich besser, obwohl seine Arme schmerzten. Karula versetzte dem Werkstück einen sanften Schlag, besah es sich und schien zufrieden zu sein. Er sah Ramesh an, und der verstand sofort: Er sollte nun achtgeben. Karula ergriff die heiße Speerspitze, die er geschmiedet hatte, vorsichtig mit der Zange und tauchte sie in die Wasserwanne. Dampf stieg auf.

Karula unterrichtete Ramesh nahezu ohne Worte – allein durch seine Blicke und sein bedächtiges Tun. Lediglich die Bezeichnungen der Gerätschaften nannte er und ließ sie Ramesh wiederholen. Bis zum Abend hatte Ramesh bereits alle Werkzeuge der Schmiede und ihre Funktionen kennengelernt – und er hatte das gute Gefühl, dass er all das tatsächlich mit Freude erlernen wollte. Und obgleich sie kaum gesprochen hatten, empfand er eine zunehmende Bewunderung und Zuneigung gegenüber seinem schweigsamen Meister.

Nachdem die Sonne untergegangen war, sprach Karula zu Rameshs Überraschung doch noch: »Ramesh, du kannst bleiben.«

Ramesh sah ihn verwundert an. Er hatte gedacht, das sei ohnehin eine ausgemachte Sache gewesen.
»Dieser erste Tag war deine Probezeit. Aber auch du hast mich erproben können. Willst du nicht bleiben, so geh morgen früh zurück zu deinem Vater. Bleibst du aber, wirst du ihn lange Zeit nicht wiedersehen.«
Rameshs Gedanken liefen aufgeregt im Kreis. Ja, natürlich wollte er bei Karula bleiben. Er hatte bereits an diesem einen, anstrengenden Tag gespürt, dass ihm das Schmiedehandwerk, so hart die Arbeit auch war – oder vielleicht gerade deshalb – näher am Herzen lag, als die Korbflechterei. Sicher, sein Vater hatte sich verändert, er trank immer weniger und schlug ihn nicht mehr – doch das Band zwischen ihren Seelen war schon lange zerrissen. Und dennoch: »Du wirst ihn lange Zeit nicht wiedersehen …«, das klang so endgültig; und war es nicht auch tatsächlich der endgültige Abschied von seiner Tradition?
Karula sah Ramesh still an und ließ ihn seine Gefühle und Gedanken zu Ende fühlen und denken. Es dauerte nicht allzu lange. Ramesh zögerte zwar noch, doch in seinem Herzen wusste er längst, dass er nicht wieder in sein altes Leben zurückkehren wollte. Karula sah Rameshs inneren Kampf und er sah auch, wie die Entscheidung ausfallen würde, noch bevor Ramesh selbst es wusste. Und so nickte er, sobald Ramesh den Mund öffnete. Ohne ein Wort gesprochen zu haben, schloss Ramesh seinen Mund wieder, denn er wusste, dass sein Meister ihn verstanden hatte: Ja, er würde bleiben und bei Karula die Kunst des Schmiedens erlernen.
Langsam verstand Ramesh nun auch, warum sein Meister so wenig sprach; es war nicht Grobheit und Unfreundlichkeit, sondern Klarheit. Sah man genau hin und fühlte, was geschah, bedurfte es nicht vieler Worte.

Ramesh lernte schnell. Und obgleich beide kaum miteinander redeten, verstanden sie einander gut. Niemals schlug Karula Ramesh. Nur selten dachte der Junge an seinen Vater. Doch wenn er es einmal tat, war es weniger mit Sehnsucht und Liebe – jeder Gedanke an seinen Vater brachte eine Flut von Gefühlen mit sich und eine tiefe Trauer um seine Mutter. In diesen Augenblicken aber tauchten auch immer wieder andere Gefühle in ihm auf: der Wunsch nach Reichtum und Macht. Dann lag Ramesh des Nachts wach, voller Zweifel, ob sein Weg wirklich der des Schmiedes war. Ein Schmied war angesehen – sicher. Aber zu großem Reichtum kam er nicht. Als Schmied würde er niemals einen prachtvollen Garten voller Blumen und Mangobäume besitzen und über Diener gebieten. Ramesh glaubte, dass er unbedingt reich werden müsse – und der Neid auf die Reichen verwandelte sich mitunter in Hass. Vielleicht sollte er Räuber werden. Ja, er würde beim Schmied bleiben, lernen, Schwerter zu schmieden, und wenn er ein gutes Schwert hatte, würde er sich einer Räuberbande anschließen. Er malte sich aus, wie er mit seinen Räuberkumpanen die Häuser der Reichen überfallen, die Reichen demütigen und ihnen ihre Schätze rauben würde. Und dann, eines Tages, würde er Truhen voller Gold und Edelsteine besitzen und sich in einem fernen Teil des Landes ein Haus, einen prachtvollen Garten und Diener kaufen. Mit diesen Gedanken schlief er ein; doch es war kein ruhiger Schlaf. Und wenngleich er sich am Morgen seiner Gedanken schämte, saß die Gier doch schon in seiner Seele, wie ein Wurm in einem Apfel.

3 Der Schwertmeister

»Wie kommt es, Meister, dass du mich aufgenommen hast? Den Sohn eines armen Korbflechters?«, fragte Ramesh Karula eines Morgens. Diese Frage war ihm immer wieder durch den Kopf gegangen, seit er Lehrling des Schmiedes war. Bisher hatte er es nicht gewagt, seinen Meister zu fragen. Nun aber war er vertrauter mit Karula und konnte seine Neugier nicht länger im Zaum halten.

Karula sah ihn eine Weile an, dann sagte er: »Dein Vater Ravi hat mir das Leben gerettet. Ich stehe in seiner Schuld.«

Ramesh wollte mehr wissen, aber er sah, dass sein Meister nicht mehr darüber sagen wollte. Sein Vater hatte dem Schmied das Leben gerettet? Das erklärte natürlich, warum Karula ihn als Lehrling angenommen hatte; aber es befriedigte seine Neugier nicht. Zugleich wusste Ramesh nur zu gut, dass es keinen Sinn hatte, weiter zu fragen, da er nur weiteres Schweigen ernten würde, wenn er Karula zu drängen versuchte.

Doch zu Rameshs Überraschung sagte Karula, nachdem er eine Weile nachdenklich ins Feuer geschaut hatte, doch noch etwas: »Ich war auch einst jung und dumm. Ich bin betrunken in den Fluss gefallen, und dein Vater hat mich herausgezogen.« Er zögerte eine Weile und sah Ramesh tief in die Augen. »Dass du zu mir gekommen bist, hast du deinem Vater zu verdanken. Doch dass du bei mir geblieben bist, hast du dir selbst zu verdanken.«

Das war wohl das größte Lob, das Ramesh je von seinem Meister gehört hatte. Er beschloss, noch fleißiger und härter zu arbeiten. Nie würde er seinen Meister enttäuschen! Doch als er dies dachte, fiel ihm plötzlich ein, wie er seinen Vater enttäuscht haben musste, weil er nicht Korbflechter geworden war. Zum ersten Mal, seit er beim Schmied war, wünschte er sich, seinen Vater wieder zu sehen.

Eines Nachmittags trat ein alter Mann in die Schmiede. Er trug ein Schwert auf dem Rücken; doch er war nicht wie ein Soldat gekleidet. Irgendetwas an seinen Bewegungen und der Art seines Blickes kam Ramesh merkwürdig vor.

Karula strahlte über das ganze Gesicht, als er den Mann sah. Dann beugte er sein Knie und nahm die Hand des Alten. »Seid willkommen! Ich habe nicht geglaubt, dass ich Euch noch einmal sehen würde – und nun kommt Ihr zu mir, in meine Schmiede.« Er stand wieder auf, nahm den Alten bei der Hand und führte ihn zum Tisch. »Setzt Euch, setzt Euch! Ich werde Euch einen Tee machen. Und würdet Ihr wohl eine Kleinigkeit mit uns essen?«

Ramesh staunte. Noch nie hatte er Karula mit solcher Freude sprechen hören. Wer war dieser Mensch nur?

Karula holte Brot und Früchte und setzte sie vor den Alten und nannte dabei jedes einzelne Stück, so als ob er mit einem Blinden spräche. »Hier habt ihr einen Apfel und eine Birne, das Brot ist zwar von gestern, aber es ist noch gut... Und gleich kommt der Tee. Wisst Ihr, ich habe einen neuen Lehrling... Ramesh, komm her!«

Ramesh trat sofort heran und verneigte sich wortlos. Der Meister gab ihm einen leichten Klaps auf den Kopf. »Steh nicht stumm da! Wie soll unser Gast denn wissen, wer du bist?«

Ramesh war erst verwirrt – dann begriff er: Der Alte war tatsächlich blind. Er verneigte sich nochmals und sagte leise: »Verzeiht Herr, ich habe nicht bemerkt, dass Ihr blind seid. Mein Name ist Ramesh.«

Der Alte lächelte und legte Ramesh die Hand auf die Schulter. »Du also bist der Lehrling. Ramesh, des Korbflechters Sohn.«

Ramesh staunte. Woher konnte der Alte das wissen? Aber er wagte nicht zu fragen.

»Karula, mein Lieber«, sagte der Blinde. »Du weißt, dass meine Wege ein wenig seltsam scheinen. Doch komme ich stets an mein

Ziel. Ich freue mich, meinem alten Schüler wieder zu begegnen – doch der Hauptgrund für mein Kommen ist dein Lehrling. Ich werde ihn hier in deiner Schmiede unterrichten, so du nichts dagegen hast.«
»Natürlich nicht – du bist jederzeit mein Gast, so wie ich lange dein Gast gewesen bin.« Karula lächelte, und Ramesh fiel auf, dass er seinen Meister noch nie hatte lächeln sehen.

So lebte nun der alte blinde Mann in Karulas Haus, und Ramesh wurde sein Schüler. Und was der Alte ihn lehrte, war die Kunst des Schwertschmiedens.
»Warum lehrt mich nicht mein Meister Karula, Schwerter zu schmieden?«, fragte Ramesh. Der blinde Schwertmeister schüttelte nur den Kopf, doch Karula hatte die Frage gehört, sah Ramesh durchdringend an und sagte: »Ich schmiede keine Schwerter. Das habe ich den Göttern geschworen.«
Mehr erfuhr Ramesh an diesem Tag nicht. Aus kleinen Andeutungen und dahingeworfenen Worten entstand im Laufe der Zeit jedoch ein immer klareres Bild, und Ramesh begann zu verstehen: Karula war einstmals ein berühmter Schwertschmied und der Alte sein Meister gewesen. Auch war Karula nicht schon immer der schweigsame Einzelgänger – er hatte einst Frau und Kind gehabt. Doch eine Räuberbande hatte die Familie überfallen und dabei Karulas Frau und Tochter ermordet. Und Karula hatte bittere Rache genommen und alle Räuber getötet. Mit blutverschmierten Händen hatte er anschließend bei Brahma und Krishna geschworen, nie wieder ein Schwert in die Hand zu nehmen.
Und doch schien Karula nicht nur damit einverstanden, dass sein Lehrling die Schwertschmiedekunst bei seinem alten blinden Meister erlernte, sondern er freute sich offensichtlich sehr darüber.

Ramesh lernte, zunächst die richtigen Metalle auszuwählen. Denn ein gutes Schwert war nicht einfach ein Stück Eisen. Vier Schichten aus vier Metallen mussten eins werden. Dazu musste Ramesh die Rohlinge erhitzen, bis sie weich waren, aber nicht schmolzen. Hatte der Stahl die rechte Temperatur erreicht, begann die harte Arbeit: Stundenlang wurde das Metall mit dem schweren Schmiedehammer bearbeitet, bis die Schichten miteinander verschmolzen.

Ramesh glaubte, dass daraus nun das Schwert geschmiedet würde – doch der alte Schwertmeister lachte nur und sah Ramesh anschließend ernst an. »Diese vier Schichten sind nur der Anfang des Weges. So wie auch du am Anfang deines Weges stehst.«

»Aber Herr, was ist denn mein Weg? Mein Vater wollte, dass ich Korbmacher werde. Doch dann wurde ich Karulas Lehrling. Und nun lehrt Ihr mich. Aber wohin wird mich der Weg am Ende führen?«

Der alte Schwertmeister schüttelte den Kopf. »Du willst, dass ein Blinder dir den Weg zeigt?«

Ramesh dachte, dass ihn der Schwertmeister schelten würde. »Herr, verzeiht mir. Es muss schrecklich sein, nichts zu sehen …«

Der Alte lachte laut auf. »Du glaubst, ich sehe nichts, weil meine Augen erloschen sind? Weißt du denn nicht, dass auch der Verstand, das Herz, die Ohren und die Finger sehen?« Er zog sein Schwert und hielt es Ramesh hin. »Nun, was siehst du?«

Ramesh betrachtete das Schwert genau. »Ich sehe ein Schwert. Es ist gerade und gut geschliffen. Auf der Klinge sind … Linien, Wellen. Und eine Art Blume ist nahe am Heft in die Klinge geritzt …«

»Gut. Aber wie viel siehst du nicht mit deinen Augen! Das Gewicht, die Balance, die Härte, die Biegsamkeit. Und die ›Blume‹, die du siehst, ist eine Lotosblüte. Doch du siehst nur die Form. Aber siehst du auch die Bedeutung?«

»Nein, Herr. Ich weiß nur, dass der vierblättrige Lotos ein Zeichen von Brahma ist.«

Der Schwertmeister nickte. »Ja, das ist richtig. Doch was bedeutet das? Und warum sind es gerade vier Blütenblätter? Welche Farbe haben sie?«

»Da ist keine Farbe«, antwortete Ramesh.

Daraufhin hielt der Schwertmeister das Schwert kurz ins Schmiedefeuer – und der vierblättrige Lotos begann, rot zu leuchten.

Ramesh staunte. »Das ist schön. Herr, wie kann man eine solche Verzierung erreichen?«

»Der vierblättrige Lotos ist keine Verzierung, Ramesh. Er ist das Herz des Schwertes«, antwortete der Schwertmeister.

»Das Herz des Schwertes sind die vier Lotosblätter? Was bedeutet das?«, fragte Ramesh. Er spürte, dass es ein wichtiges Geheimnis gab, doch er hatte keine Vorstellung davon, was das sein könnte.

»Du hast mich gefragt, wohin dich dein Weg führen wird. Das ist eine wichtige Frage, denn wenn du nicht weißt, wohin du gehen willst, wirst du dein Ziel nie erreichen. Wenn du dein Ziel kennst, sind die vier Lotosblätter deine Wegweiser.«

Ramesh begriff nicht, was der Schwertmeister mit »Wegweiser« meinte. Doch dass er sein Ziel nie erreichen würde, wenn er nicht wüsste, was sein Ziel war, das leuchtete ihm ein.

Die vier Schichten Metall, die nun eins waren, waren in der Tat erst der Anfang. Der Metallstab wurde nun zu einer Stange geformt, dann in zehn Teile geteilt und diese Teile wieder übereinandergelegt und durch langes Bearbeiten mit dem schweren Schmiedehammer miteinander verbunden. Das Metallstück hatte 40 Schichten. Dann wurde das Ganze wiederholt. Nun gab es 400 Schichten. Und nochmals: Nach 4000 Schichten und vielen Tagen harter Arbeit war der Schwertmeister endlich mit seinem Werk zufrieden.

»Verstehst du, Ramesh: Das Falten des Metalls gibt dem Schwert seine Kraft und seine Beständigkeit. Die vielen Schichten vereinen sich. So ist es auch mit der menschlichen Seele – sie entsteht durch die vielen verschiedenen Erfahrungen. Aber erst wenn alle Erfahrungen durch harte Arbeit zu einer Einheit werden – dann entsteht ein edler Mensch.«

Ramesh war, als wäre der Vorhang eines dunklen Zimmers geöffnet worden – er hatte das Gefühl, zum ersten Mal die Dinge klar zu sehen. »Ja, Herr, ich verstehe.«

»Du hast mich einmal gefragt, was die vier Lotosblätter zu bedeuten haben.«

»Ja, Herr. Und Ihr habt gesagt, dass sie meine Wegweiser sind. Doch ich habe das damals nicht verstanden. Und auch heute verstehe ich es nicht ganz.«

»Nun, welches Ziel du auch haben magst, die vier Wegweiser, die dich zu deinem Ziel leiten, sind: Vertrauen, Standfestigkeit, Gelassenheit und Durchsetzungskraft.«

Jedes dieser Worte – Vertrauen, Standfestigkeit, Gelassenheit, Durchsetzungskraft – berührte Ramesh tief in seiner Seele. Er spürte: Ja, das war, was er brauchte.

Er arbeitete ab jetzt noch fleißiger. Endlich hatte er sein Ziel erkannt. Schwertschmied wollte er sein. Ramesh war ein begabter Schüler, wie es der Schwertmeister wohl vorausgesehen hatte. Doch er lernte mehr bei seinem blinden Meister, als Schwerter zu schmieden. Manchmal fühlte er sich, als ob der Alte seine Seele schmiedete, wie ein Schwert.

»Ich bin oft unzufrieden, Herr«, sagte Ramesh einmal. »Ich bin nicht zufrieden mit mir. Und immer noch wünsche ich mir, reich zu sein – und gleichzeitig frage ich mich, ob dieser Wunsch recht ist.«

»Nun, Ramesh, du weißt in deinem Herzen, dass der Wunsch weder recht noch unrecht ist – er ist ein Wunsch, kein Ziel. Er trägt den Weg nicht in sich. Ein Teil von dir glaubt, dass du Zufriedenheit außerhalb deiner selbst finden kannst. Doch Zufriedenheit kommt nicht von außen. Die Quelle deiner Zufriedenheit liegt in dir selbst.«

Ramesh dachte nach. »Also liegt auch der Grund für meine Unzufriedenheit in mir selbst? Ich fühle mich oft so, als wäre ich nichts wert. Das war auch der Grund, warum ich meinem Vater eine solche Enttäuschung bereitet habe. Und nun fühle ich mich unwürdig, Euer Schüler zu sein.«

»Nun, Ramesh: Wenn du dich selbst nicht als wertvoll erachtest, liegt es vielleicht daran, dass du den falschen Dingen Wert beimisst. Sieh in dich hinein: Was bedeutet dir wirklich etwas?«

Ramesh wollte schon antworten, doch der Schwertmeister hob die Hand. »Nicht jetzt. Du glaubst, du bist sehend. Doch den Blick in dein Inneres musst du schärfen, indem du Schicht um Schicht durchdringst. Deine Seele ist wie ein Schwert. Und denke an die vier Lotosblätter: Vertraue. Vertraue vor allem deiner inneren Weisheit. Bleibe standhaft auf deinem Weg und bleibe gelassen, was dir auch in deinem Inneren begegnet.«

Ramesh ergriff die Hand des alten Schwertmeisters und dankte ihm. Und wieder war ihm, als wäre ein Schleier von seinen Augen gezogen worden.

Mit der Zeit lernte Ramesh, das Schwert nicht nur zu schmieden, sondern auch zu führen. »Ein gutes Schwert zu schmieden, ist eine große Kunst«, sagte sein Meister. »Doch ob das Schwert gut ist, entscheidet nicht der Schmied, sondern der, der das Schwert führt. Das wunderbarste Schwert der Schmiedekunst taugt nichts, wenn es nicht eins mit dem Schwertkämpfer ist.«

Ramesh fragte sich, wie der Alte ihn wohl den Schwertkampf lehren wollte, wo er doch blind war? Doch wie so oft überraschte ihn der Meister. Er forderte Ramesh auf, ein Schwert zu nehmen und ihn anzugreifen.

»Aber Herr, wie kann ich mit einem Blinden fechten? Ich will Euch keinen Schaden zufügen.«
Statt einer Antwort zog der Schwertmeister blitzschnell sein Schwert und schlug Ramesh das seine aus der Hand. Dann trat er einen festen Schritt auf Ramesh zu, der zurückwich, stolperte und verdutzt auf dem Boden landete. Der Meister lachte. »Standfestigkeit und Gelassenheit! Ramesh, nun greif mich an.«
Vorsichtig hob Ramesh das Schwert auf und machte einen zögerlichen Schlag in Richtung des Meisters. Der bewegte sich nicht. »Wer ist hier der Blinde?«, lachte der Meister. Ramesh versuchte es ein wenig beherzter, doch mit ebenso wenig Erfolg. Der Schwertmeister schien genau zu spüren, welche Bewegung Ramesh gerade ausführte. Nach einer Weile war Ramesh erschöpfter als nach einem ganzen Tag Arbeit in der Schmiede.
»Meister, wie macht Ihr das?«, fragte Ramesh, beinahe ein wenig verzweifelt.
»Wie weit bist du auf deinem Weg in dein Inneres gekommen?«
Ramesh sah seinen Lehrer verwirrt an. »Ich weiß es nicht. Offensichtlich fehlt es mir an Standfestigkeit und Gelassenheit. Vor allem aber an Vertrauen in mich selbst.«
Der Meister nickte. »Gut.«
»Was ist denn daran gut, Herr?«
»Du weißt, woran es dir fehlt. Du hast dein Ziel. Alles, was du tun musst, ist, das Unwesentliche loszulassen. Dann wird dich dein Herz ganz von selbst an dein Ziel führen.«
Und so übte sich Ramesh weiter in Vertrauen, Standfestigkeit und Gelassenheit. Und indem er dies im Schwertkampf, in der Schmiede und in den Gesprächen mit seinem Lehrer übte, wuchs auch das, was der Meister »Durchsetzungskraft« nannte – im Schwertkampf die Stärke, dem Angriff entgegenzugehen, in der Erforschung seiner Seele die Kraft, nicht vor Unangenehmem zurückzuweichen.

Eines Tages aber sprach der Schwertmeister: »Ramesh, du bist nun bereit, deinen Weg zu gehen. Und auch ich muss meinen Weg weitergehen.«
Ramesh nickte traurig. »Ich verstehe, Herr. Ihr habt mir geholfen, meinen Weg zu finden. Ich weiß gar nicht, wie ich Euch dafür danken soll – ich stehe für immer in Eurer Schuld. Aber dennoch habe ich Angst, meinen Weg ohne Eure Hilfe weiterzugehen.«
Der alte Schwertmeister legte Ramesh die Hand auf den Kopf. »Ramesh, ich möchte dir eine kleine Geschichte erzählen«, sagte der Schwertmeister. »Setz dich hin, und hör gut zu. Die Geschichte heißt:«

DER UNSICHTBARE TIGER

Drei junge Schüler des Yoga beschlossen zu versuchen, in das berühmte Mahadeva-Kloster aufgenommen zu werden. Dieses Kloster war dafür bekannt, dass es nur die Charakterstärksten und Mutigsten aufnahm – und alle drei hielten sich für charakterstark und mutig.
So machten sie sich auf den langen, beschwerlichen Weg. Als sie vor dem Kloster anlangten, warteten dort schon acht andere junge Männer. Als die Neuankömmlinge mit ihnen sprachen, stellte sich heraus, dass die Wartenden bereits vier Tage vor dem Tor des Klosters ausharrten. Dann und wann kam ein Mönch aus dem Kloster und brachte ihnen Wasser, sah sie an und sprach: »Wartet noch ein wenig. Es ist noch nicht an der Zeit.«
So warteten sie und warteten. Am nächsten Tag kam ein Mönch und brachte ihnen Wasser, sah jeden Einzelnen an und sagte: »Bitte habt noch etwas Geduld. Es ist noch nicht an der Zeit.«

Vier derer, die schon lange gewartet hatten, schüttelten den Kopf und machten sich auf den Weg nach Hause. Als ein schwerer Regen kam, gingen zwei weitere. Nach dem Regen wurde es heiß, und wieder gingen zwei. Nun waren es nur noch die drei Yoga-Schüler, die ausharrten. Eine Woche lang standen sie in glühender Hitze.

Dann trat wieder der Mönch aus dem Kloster und sprach: »Nun ist es an der Zeit, euch zu prüfen. Ihr habt bereits Ausdauer und Willenskraft bewiesen. Nun wollen wir euren Mut und euren Charakter einer Prüfung unterwerfen. Wenn ihr bereit seid, kommt…« Die drei folgten ihm ins Kloster.

Der ehrwürdige Abt selbst empfing sie und fragte jeden nach seiner Herkunft, seinem bisherigen Weg und nach seinem Ziel. Dann bat er jeden einzeln zu sich.

Er fragte den Ersten: »Kennst du Angst?« Der Schüler sah ihn stolz an und sprach: »Nein, Ehrwürdiger. Ich habe vor nichts Angst!« Der Abt nickte und sagte: »Du bist ein starker junger Mann. Sicher wärst du ein guter Krieger.« Stolz lächelte der Junge. Doch der Abt fuhr fort: »Nur für unser Kloster eignest du dich nicht. Wir nehmen nur die Mutigsten – und wenn du keine Angst kennst, wie willst du dann Mut beweisen? Ich danke dir für deine Mühe und wünsche, dass es dir gut ergehen möge.« Dann ließ er den Enttäuschten von einem Mönch aus dem Kloster führen.

Nun ließ er den zweiten Schüler eintreten. »Kennst du Angst?« »Ja, Ehrwürdiger, aber ich weiß meine Angst zu überwinden.« Der Abt nickte. »Das ist gut. Folge mir.« Er führte den Jungen durch einen Gang in einen großen Raum. In einer Ecke des Raumes lag ein gewaltiger Tiger, der sich bei ihrem Eintreten erhob und fauchte. Zwischen dem Tiger und den Menschen waren drei Löcher, aus denen Flammen züngelten. Der junge Schüler zuckte ein wenig zusammen, aber hielt stand. Der Abt sah ihn an und nickte anerkennend. »Nun werde ich dich einige Minuten allein lassen. Dies ist eine Prüfung deines Vertrauens. Dir wird nichts geschehen, wenn du mir nur vertraust.« Der Schüler verneigte sich. »Ja, Ehrwürdiger, das werde ich.«

Der Abt ließ ihn allein. Plötzlich erloschen die Flammen. Der Schüler war mutig – doch er wusste, dass den Tiger nun nichts mehr aufhielt. Er konnte sich nicht einmal wehren, da vollkommene Dunkelheit herrschte. Er trat drei Schritte zurück, dort wo er wusste, dass die Tür war. Schnell öffnete er sie und schlüpfte aus dem Raum. Dort wartete der Abt bereits auf ihn und sprach: »Du bist mutig, aber ohne Vertrauen. Vertrauen aber ist das Wichtigste in unserem Kloster. Geh nun, mit meinen besten Wünschen für dein Leben.«

So hatte auch dieser Schüler die Aufnahmeprüfung nicht bestanden. Nur noch einer wartete.

Auch diesen fragte der Abt, ob er Angst kenne, und als der Schüler dies bejahte und sagte, dass er bereit sei, seine Angst zu überwinden, führte er auch diesen in das Tigerzimmer. »Vertraue mir: Es wird dir nichts geschehen.« Der Schüler nickte, der Abt verließ das Zimmer, und die Flammen, die den Tiger abhielten, erloschen. In der Dunkelheit mit einem gewaltigen Tiger überkam den Schüler große Angst. Ja, er konnte seine Angst überwinden. Doch dem Tiger war es wohl gleichgültig, ob er einen Mutigen oder einen Feigen zerfleischen würde. Der Schüler erinnerte sich jedoch daran, dass der Abt ihm versprochen hatte, dass ihm nichts geschehen würde, wenn er nur vertraute. Zwar konnte er sich nicht vorstellen, wie dieses Vertrauen einen Tiger abhalten könnte. Dennoch vertraute er dem Ehrwürdigen. Nach einer Weile öffnete sich die Tür, das Licht ging an, und der Abt trat ein. Er lächelte den Schüler an. »Du hast Vertrauen bewiesen – das ist die Grundlage für alles andere. Du bist nun ein Mitglied des Klosters.« Der Junge verneigte sich. Sein Herz schlug noch

ein wenig wegen der Aufgabe und noch mehr vor Freude, dass er sie bestanden hatte.
»Sieh dich um«, sprach der Abt. Der Schüler sah, dass der Tiger nicht mehr im Raum war. Er sah den Abt fragend an. Der lachte. »Der Tiger wurde, sobald das Licht erlosch, an seiner Kette durch eine verborgene Tür geführt. Du warst also in keiner Gefahr und konntest dein Vertrauen beweisen. Aber nun denke darüber nach, was dich geängstigt hat: Der Tiger, der gar nicht da war, oder deine Vorstellung von einem wilden Tiger?«
Der Schüler verneigte sich tief und bedankte sich für seine erste Lektion.

»Ich habe vieles falsch gemacht und so wenig verstanden, das erkenne ich jetzt«, sagte Ramesh, nachdem er die Geschichte gehört hatte. Aber er lächelte dabei. Der blinde Meister spürte es wohl, denn er lächelte zurück.
»Bedaure nichts – lerne. Bedauern heißt, das Schlechte in deinem Geist fortzusetzen. Alles, was du falsch gemacht hast, hilft dir, deinen richtigen Weg zu finden.«
Der blinde Schwertmeister verabschiedete sich herzlich von Ramesh und Karula. Ramesh sah ihm noch lange nach, wie er trotz seiner Blindheit mit festem Schritt die staubige Straße entlang ging und schließlich in der Ferne verschwand.

Am nächsten Morgen sagte Karula zu ihm: »Du bist nun kein Lehrling mehr, Ramesh – doch ich würde mich freuen, wenn du bei mir bleibst. Arbeit gibt es genug. Zumal wenn unsere Werkstatt nun auch Schwerter schmiedet.« Er legte Ramesh die Hand auf die Schulter. »Doch nun wird es auch Zeit, dass du deinen Vater wiedersiehst.«

Ramesh nickte. Am nächsten Morgen suchte er einen Holzschnitzer auf, der einen gewissen Ruf hatte, besonders schöne Götterfiguren und -statuen anzufertigen. Ramesh betrat die Werkstatt von Chandra, dem Götterschnitzer und beschrieb ihm, was er im Sinn hatte: zwei Götterstatuen – eine für den Vater, die andere für seinen Meister. Für seinen Meister sollte es eine von Agni, der Gottheit des Feuers, werden. Für seinen Vater eine Statue, die Krishna und Radha darstellte – das göttliche Paar, ein Symbol für seinen Vater und seine Mutter.
Der Holzschnitzer wirkte ein wenig mürrisch; doch er nahm den Auftrag an und bat Ramesh, in sieben Tagen wieder zu kommen. Nach sieben Tagen stand Ramesh wieder in der Werkstatt und Chandra gab ihm, fast widerwillig schien es, die Figuren. Ramesh staunte über die wunderbare Arbeit – doch Chandra schob ihn, nachdem er den vereinbarten Preis gezahlt hatte, hinaus. Ramesh aber scherte sich nicht um die Laune des Schnitzers. Er freute sich über die gelungene Arbeit.
Auch Karula, dem er die Figur des Agni schenkte, bewunderte die Schnitzkunst. »Was meinst du, Ramesh? Ist die Holzschnitzerei nicht ein wenig wie unser Handwerk?«
Ramesh sah die Figuren an. »Ja, Meister. Doch wir machen unsere Stücke, indem wir sie formen und unserem Ziel anpassen – der Holzschnitzer entfernt nur das Unwesentliche.«
»Richtig. Und was ist nun die höhere Kunst?«
Ramesh schüttelte den Kopf. »Ich weiß nicht, ob eine Kunst der anderen überlegen ist. Aber vielleicht kann uns die Art des Holzschnitzers lehren, das Unwesentliche loszulassen.«
Karula nickte und lächelte. »Ich sehe, du hast wirklich viel gelernt, Ramesh …«

Am folgenden Tag sah Ramesh seinen Vater wieder. Die unsichtbare Wand, die die Vergangenheit zwischen ihnen errichtet hatte, schien mit einem Schlag verschwunden zu sein. Ramesh hatte mehr als das Schwertschmieden gelernt – das spürte er nun tief in seiner Seele. Und indem er seinen Vater wieder ganz in sein Herz schließen konnte, wurde auch dieser von den Wunden der Vergangenheit geheilt.

Viele Jahre lebte Ramesh noch in Karulas Schmiede, und als dieser zu alt wurde, um zu arbeiten, übernahm er die Werkstatt schließlich ganz und wurde der angesehenste Schwertschmied des Landes.

Chandra, der Götterschnitzer

1 Der Holzschnitzer

Mit schwerem Kopf erwachte Chandra und wünschte wieder einmal, er hätte den Wein stehen lassen. Doch immer dann, wenn er eine seiner Götterfiguren verkauft hatte, mischten sich die Freude am verdienten Geld mit Zweifeln daran, ob er wirklich sein Bestes gegeben oder ob er etwas Unzureichendes und im Grunde Unfertiges in die Welt gesetzt hatte. Wären die Götter nicht ärgerlich, wenn sie so unvollkommen dargestellt wurden?
Immerhin – der junge Schmied, der ausgerechnet eine Statue von Krishna und Radha haben wollte, war zufrieden gewesen; alle seine Kunden hatten seine Kunst stets gelobt. Krishna und Radha, das göttliche Paar. Chandra und Maja, er und das Mädchen, das er liebte. Es war, als ob er ein Bildnis seiner selbst und seiner Liebe geschnitzt und dann für Geld verkauft hätte.
Der Schmied hatte seine Kunst bewundert. Doch was verstand der schon von der Schnitzerei? Und vielleicht war er ohnehin nur höflich gewesen. Je mehr Chandra darüber nachdachte, desto mehr glaubte er, dass es wohl so sein müsse. Und wie immer nach einer im Weindunst verbrachten Nacht, quälten ihn wieder und wieder Gedanken an Maja, die Tochter des reichen Kaufmanns Kaligupta. Er liebte sie und wusste doch, dass sie nie die seine werden konnte. Kaligupta hatte drei Ehefrauen. Er war angesehen, einflussreich und konnte haben, was er wollte. Sogar die bekannte Kurtisane Kama empfing keine anderen Gönner mehr, seit sie ausschließlich den Kaufmann besuchte. Kaligupta würde seine Tochter nie und nimmer einem armen Handwerker geben, so viel war sicher. Bestimmt sollte sie einen anderen Reichen oder gar einen Adligen heiraten.

Chandra war verzweifelt. Er dachte schon wieder an den Weinkrug, der noch auf seiner Hobelbank stand. Alkohol betäubte ihn ein wenig und ließ ihn Maja für eine kleine Weile vergessen. Das Geld, das er für die Statuen des Schmiedes bekommen hatte, hatte er bereits ausgegeben; für Wein und für die Zärtlichkeiten einer Veshya, eines käuflichen Mädchens. Als er daran dachte, fühlte er sich noch schlechter. Selbst wenn er Maja haben könnte, wäre er ihrer nicht würdig.

Chandras Gedanken reisten in die Vergangenheit. Sein Leben schien ihm wie eine Reihe schwerer Fehler und Unglücksfälle. Mit dem Tod seines Vaters, dem Weinhändler Karaman, hatte es begonnen; der starb, als Chandra neun Jahre alt war. Er erinnerte sich gerne an seinen Vater, der mit ihm spielte, mit ihm lachte und geschickt darin war, aus Steinen, Stoff und Stöckchen Spielzeug und Figuren herzustellen, mit denen Chandra spielte. Diese Kunstfertigkeit des Vaters hatte sich ihm tief eingeprägt – und damals war der Wunsch entstanden, diese Kunst zu seinem Beruf zu machen. Aber dann starb der Vater, und er kam vorübergehend in die Obhut seiner Tante, die Chandra schlechter behandelte als ihre Hunde; wann immer es besondere Leckerbissen gab, war er der Letzte, der davon kosten durfte. Als seine Mutter bald wieder heiratete – erneut einen Weinhändler – wurde sein Leben noch schwerer und trauriger. Sein Stiefvater machte keinen Hehl daraus, dass er den Jungen nicht leiden konnte. Und als Chandra zu verstehen gab, dass er keinesfalls Wein verkaufen, sondern Figuren schnitzen wollte, nahm die wütende Mutter ihm sein Werkzeug weg und verbot ihm die Schnitzerei. Stattdessen kam ein Lehrer ins Haus, um ihm das Rechnen beizubringen und ihn darauf vorzubereiten, seinem Stiefvater bei seinen Geschäften zur Hand zu gehen.
Alles, was nicht mit Wein und Geld zu tun hatte, war für seine Mutter und seinen Stiefvater vergeudete Zeit, Unsinn, Dumm-

heit und musste ihm ausgetrieben werden. Heimlich besorgte er sich wieder ein Messer und begann damit, kleine Götterfiguren zu schnitzen. Nur dabei fühlte er sich wohl. Als sein Stiefvater und seine Mutter ihn jedoch beim Schnitzen ertappten, bekam er Schläge und drei Tage nichts zu essen. Sie nahmen ihm sein Messer weg und zwangen ihn, seine Schnitzereien ins Feuer zu werfen.

Noch in derselben Nacht lief er fort. Seine Mutter und ihren Mann wollte er niemals wiedersehen. Doch was konnte er, ein zwölfjähriger Knabe, ohne Geld und ohne Freunde schon anfangen? Er trieb sich in den Straßen der Stadt herum, stahl dann und wann, wenn der Hunger zu arg wurde, einen Brotfladen – oder kämpfte mit Hunden um Abfälle.

Nun war er nicht das einzige Straßenkind. Als er einer Gruppe zerlumpter Bettlerkinder begegnete, erfuhr er, wie hart das Leben auf der Straße war. Die Bande umzingelte ihn und nahm ihm seine Schuhe und Kleidung weg, die noch in besserem Zustand waren, als die der Bettlerkinder. Als er sich wehrte, wurde er geschlagen, heftiger noch, als von seinem verhassten Stiefvater. Die Bande nahm ihm alles, und er wäre nackt gewesen, hätten sie ihm nicht ein paar zerrissene schmutzige Lumpen hingeworfen – und ihm angeboten, sich ihnen anzuschließen.

Chandra musste nicht lange überlegen. Und da er älter als die meisten in der Bande war, blieb er nicht lang der Geringste. Bald schon konnte er seine Lumpen wieder ablegen und gegen etwas weniger schmutzige und zerrissene tauschen. Die Bande ließ die Jüngsten unter ihnen betteln – die Älteren aber waren vor allem Diebe. Und Chandra hörte Geflüster, dass die beiden Anführer auch schon geraubt und gemordet hätten. Chandra war kein Schwächling, und so stieg er schnell in der Hierarchie der Bande auf – er bettelte und stahl. Doch als Khurani und Bhandi, die Anführer, ihn überreden wollten, ins Haus eines Händlers einzubrechen und ihm notfalls die Kehle durchzuschneiden,

weigerte er sich. Daraufhin zog Bhandi ein Messer aus seinem Gürtel und hielt es Chandra an die Kehle: Sollte er auch nur ein Wort über ihren Plan weitererzählen, würde er sterben.
Obwohl das Messer ihn in den Hals ritzte, hatte Chandra merkwürdigerweise keine Angst. Er dachte nur daran, wie gut er mit so einem scharfen Messer schnitzen könnte. In der nächsten Nacht stahl er Bhandis Messer und lief aus der Stadt: Immer weiter lief er, bis er schließlich im großen Wald angelangt war.

Zwei Jahre lang lebte Chandra im Wald wie ein Einsiedler. Alles, was er hatte, war das kleine Schnitzmesser. Und Holz, wohin das Auge reichte. Er fand genug Beeren, Früchte und Nüsse, um sich am Leben zu erhalten. Und er schnitzte wie besessen. Zum ersten Mal spürte er wieder ein wenig Freude in sich aufsteigen. Doch nach zwei Jahren sehnte er sich nach Menschen. In die Stadt, aus der er gekommen war, wagte er sich nicht zurück, und so wanderte er, in seinem aus Blättern gefertigten Umhang und mit einem Sack, in dem er die schönsten seiner Schnitzereien trug, bis er schließlich in eine andere Stadt kam – mit dem festen Willen, weder zu stehlen, noch zu betteln. Die forschenden, neugierigen Blicke der Menschen ignorierte er, setzte sich in der Nähe des Marktplatzes auf den Boden und stellte seine Stücke aus. Er hatte Geduld. Und wenn er tagelang warten müsste: Irgendjemand würde doch wohl eine seiner Figuren kaufen, und sei es nur aus Mitleid. Mit den kleinen Münzen könnte er sich dann etwas zu essen kaufen. Und vielleicht, wenn er Glück hätte, würde er schließlich genug haben, um ein neues Messer zu kaufen.
So träumte er vor sich hin, während er mit dem schon recht stumpfen Messer an einer kleinen Ganesha-Statue arbeitete. Doch er träumte nicht lang, da riss ihn eine Stimme aus seinen Träumen:
»He, Junge!« Er blickte auf. Ein edler junger Mann in feinstem Leinen, mit einem wunderschönen jungen Mädchen in Chandras

Alter an der Hand, ließ den Blick über seine Auslage schweifen und nickte anerkennend. »Junge, du hast da ein paar wirklich schöne Stücke! Was sollen sie kosten?«
Chandra hatte seit zwei Jahren mit keinem Menschen mehr gesprochen. So stammelte er: »He-he-herr, gebt was Ihr wollt.«
Das junge Mädchen sah Chandra an, sah seine Figuren an und flüsterte dem jungen Mann ins Ohr: »Bruder, Krishna, lass uns alle nehmen.«
Der junge Mann lachte. »Wie du magst, Maja.«
Sie flüsterte ihm noch etwas ins Ohr, so leise, dass Chandra es nicht hören konnte. Der junge Mann runzelte die Stirn und flüsterte zurück: »Schwesterchen, meinst du nicht, wir sollten erst mal Vater fragen?«
Sie schüttelte den Kopf. »Es ist doch leer.«
Sie wandte sich an Chandra. »Junge, wo wohnst du?«
Chandra wurde rot, senkte den Blick und sagte leise: »Ich komme aus dem Wald.«
Der junge Mann lachte und sagte: »Aus dem Wald? Da lernt man so zu schnitzen?« Und bevor Chandra etwas darauf erwidern konnte, fuhr er fort. »Meiner Schwester gefallen deine Arbeiten wohl noch mehr als mir. Pack alles ein und komm mit uns.«
Chandra gehorchte, obwohl er nicht wusste, was diese Menschen mit ihm vorhatten. Er schritt mit ihnen durch die Straßen. Das Mädchen, Maja, plapperte und fragte, und er stammelte Antworten, stets darauf bedacht, sein früheres Leben als Bettler und Dieb nicht zu erwähnen. Schließlich standen sie vor einem kleinen, baufälligen Häuschen.
»Du hast keinen Ort zum Schlafen, hast du gesagt. Und dass ich dir für deine Figuren zahlen darf, was ich will. Nun: Hier kannst du wohnen. Du siehst, es ist nicht gerade ein Palast, aber dafür schenkt meine Schwester es dir. Du kannst schon einmal damit beginnen, das Dach zu reparieren. Gib mir drei deiner Figuren – den Ganesha, und die beiden Tiger.«

Mit zitternden Händen und großen Augen überreichte Chandra dem jungen Mann die Schnitzereien.
»Und hier ist ein wenig Geld. Maja, nun darfst du dir auch eine aussuchen.«
Chandra wurde schwindelig. Ein Haus, auch wenn es verfallen war, war doch mehr wert, als alle seine Schnitzereien. Und der Beutel mit Münzen ebenfalls. Er musste wohl träumen.
Er fiel vor den beiden auf die Knie, Tränen flossen aus seinen Augen, und er stammelte Dankesworte und Segnungen. Der junge Mann schüttelte nur den Kopf und sagte: »Steh auf, es ist schon gut.« Maja aber traten Tränen in die Augen, und sie wandte sich ab.
In diesem Augenblick verliebte sich Chandra in Maja.

So begann Chandras neues Leben. Die Geschwister, Kinder des reichen Kaufmanns Kaligupta, hatten offenbar anderen von ihm erzählt. Noch bevor er sich an dem – seinem! – Häuschen ernsthaft an die Arbeit machen konnte, kamen weitere wohlhabende Käufer. Und nach einem Monat hatte Chandra das Dach repariert, die Wände gestrichen, Risse gefüllt und sogar eine kleine Werkstatt eingerichtet. Das war nicht schwer gewesen, denn der Beutel, den ihm der Sohn des Kaufmanns gegeben hatte, enthielt keine kleinen Kupfermünzen, sondern drei schwere Silberstücke. Und auch seine neuen Kunden zahlten gut.
Und dann war da Maja. Sie sahen sich regelmäßig – heimlich, denn es ziemte sich nicht, dass die reiche Kaufmannstochter mit dem kleinen Holzschnitzer Gesellschaft pflegte. Die beiden verstanden sich gut; sie sprachen über die Welt, die Götter … und nach vielen Monaten auch über die Liebe. Chandras Liebe zu Maja wuchs von Tag zu Tag. Doch er wusste nicht, was sie wirklich fühlte und dachte. Zwar war sie meist freundlich, aber sie neckte ihn auch gern mit grausamen Streichen. Sie sprach von Heiraten, doch als er, halb im Spiel, halb im Ernst, sich der Fan-

tasie hingab, er und sie würden einst tatsächlich ein Paar sein, klatschte sie in die Hände und machte sich über ihn lustig. »Du Dummer«, lachte sie. »Wenn ich von Heiraten spreche, dann spreche ich doch nicht von dir!« Chandra wurde rot und fühlte ein heißes, schmerzhaftes Brennen in seinem Bauch, so als würde ein wärmendes Feuer in ihm plötzlich mit Eiswasser gelöscht. Er versuchte, sich nichts anmerken zu lassen, doch Maja merkte es wohl und neckte ihn damit. Dann wieder tröstete sie ihn und war eine gute Freundin. Chandra liebte Maja, die Wechselhafte, die Lustige, die Grausame – und in ihm war ein ständiger Aufruhr.
Er begann zu trinken. Und wenn er betrunken war und Geld hatte, zog es ihn zu den käuflichen Mädchen. Dort schloss er die Augen und gab sich der Vorstellung hin, er hielte Maja in seinen Armen.

Ach Maja, alles wegen Maja – die er innig begehrte, die ihn aber nicht liebte und die er niemals haben konnte. Er fühlte sich schwach. Den ganzen Tag lang hatte er nichts gegessen, dafür aber zu viel Wein getrunken. Er musste Brot kaufen; dafür reichten die paar Münzen, die er noch hatte, gerade aus.
Die Tochter des Bäckers, Chira, begrüßte ihn herzlich. Sie war ein hübsches Mädchen, stets freundlich, gutherzig – und sie bewunderte seine Kunst. Aber sie war nicht Maja, und so beachtete er sie kaum und kaufte mit mürrischem Gesicht sein Brot. Chira lächelte ihn an und gab ihm das Gewünschte. Dass ihre Augen feucht wurden, bemerkte er nicht.

Als er nach Hause kam, wartete ein Mönch in seiner Werkstatt. Chandra verneigte sich vor dem heiligen Mann. Der Mönch machte eine segnende Geste und fragte: »Du bist Chandra, der Holzschnitzer?« Chandra nickte.
»Der Abt des großen Tempels schickt mich. Er hat von dir gehört – und deine Arbeiten gesehen. In vierundvierzig Tagen ist

wieder das große Ganesh-Chaturthi-Fest. Und unser heiliger Abt hat beschlossen, unseren Tempel zum Fest neu zu schmücken. Drei große Statuen von Sri Ganesha fordert er.«

Chandra sah den Mönch unsicher an. »Von mir?« Der Mönch nickte, und Chandra sank in sich zusammen. »Warum ich? Ich glaube nicht, dass ich würdig bin, eine so große Aufgabe zu erfüllen.«

Der Mönch zog einen Beutel hervor und schüttete seinen Inhalt auf den Tisch. Die Goldmünzen waren mehr wert als alles, was Chandra bisher in seinem ganzen Leben verdient hatte. Er schüttelte den Kopf. »Aber Swami, das ist viel zu viel. Und so viel es auch sein mag, es macht mich der Aufgabe kein bisschen würdiger.«

Der Mönch lächelte. »Unser Abt hält dich für würdig. Das muss genügen. Genügt es nicht, so bete zu Ganesha Vinayaka, dem Entferner der Hindernisse, dann wird dir deine Aufgabe gelingen.« Er faltete die Hände, neigte den Kopf, sprach »Namaste« und ging. Chandra sah ihm sprachlos nach.

2 Verzweiflung

Chandra arbeitete Tag und Nacht. Er trank keinen Alkohol, war abwechselnd in Hochstimmung wegen des unbegreiflichen Vertrauens des Abtes in sein Können und der gewaltigen Summe, die er für seine Arbeit erhalten hatte – und dann wieder in tiefster Verzweiflung und unzufrieden mit sich und seiner Arbeit. Zehn Tage arbeitete er wie besessen. Allmählich nahm die Statue Gestalt an. Doch je mehr Ganesha aus dem Holz zum Leben erwachte, desto unzufriedener war Chandra mit sich selbst.

Am Abend des zehnten Tages hielt er es nicht mehr aus. Er ließ Hammer, Meißel und Messer liegen und rannte aus dem Haus. Gewohnheit führte ihn in das Gasthaus, in dem er ganze Abende

und halbe Nächte im Trunk verbracht hatte. Und nun hatte er ja Geld im Überfluss.
Der Rausch traf ihn mit ungewohnter Wucht. Doch er besänftigte ihn nicht. Er gab ihm auch kein Selbstvertrauen. Im Gegenteil. Chandra begann, sich selbst zu hassen. Schließlich torkelte er nach Hause und betrachtete seine Arbeit an der Statue Ganeshas. Das halb fertige Gesicht des Gottes schien ihn auszulachen. Er griff nach einem Beil und schlug auf die Statue ein, abwechselnd lachend und weinend; und als sie zerstört am Boden lag, lief er wieder aus dem Haus.
Er trank hemmungslos weiter, grölte, lachte und weinte, als wäre er von Sinnen. Er verfluchte sich selbst, seine Eltern, den Abt des großen Tempels und Ganesha, bevor er sich ins Hurenhaus begab.
Doch selbst die käuflichen Mädchen wollten mit dem irre lachenden und heulenden Kerl nichts zu tun haben. Und als er nicht gehen wollte, schütteten sie ihm kaltes Wasser über den Kopf und sagten ihm, er solle wiederkommen, wenn er wieder ein Mann und kein Dämon mehr wäre.

Chandra schlich beschämt davon. Es war wohl kein Zufall, dass er an dem Anwesen des Kaufmanns Kaligupta vorbeikam. Aus dem großen Garten drangen Musik und Gelächter. Er schlich ums Haus in der Hoffnung, Maja zu sehen; doch die Mauer war zu hoch. Als er jedoch Majas Stimme zu hören glaubte, ließ er jede Vorsicht fallen. Er kletterte auf einen großen Regenbaum, dessen weitgespannte Äste die Mauer überragten. Auf den Baum zu steigen war schwierig – doch sein Rausch und der Gedanke an Maja verliehen ihm übermenschliche Kräfte.
Von der Höhe herab sah er, dass im Garten ein ausgelassenes Fest gefeiert wurde. Doch er war nur an Maja interessiert. Schließlich sah er sie inmitten einer Gruppe junger, schöner Männer und Frauen. Angeregt sprach sie mit einem besonders reich und ele-

gant gekleideten Jüngling. Ein Ast des Regenbaumes ragte weit in den Garten hinein, und das Grüppchen, in dem Maja stand, befand sich gerade unter diesem Ast. Chandras Eifersucht wurde von seinem Rausch befeuert, und er rutschte Stück um Stück auf dem Ast voran, bis er jedes Wort, das gesprochen wurde, hören konnte.

Es waren Belanglosigkeiten, die er hörte; doch Majas Stimme zu lauschen, war ihm genug. Plötzlich drehte sie sich um und rannte davon. Die jungen Leute sahen ihr verblüfft hinterher, und Chandra wollte sich schon zurückziehen, da kam Maja auch schon wieder aus dem Haus gelaufen. Sie hielt eine kleine Statue in der Hand, die er einst für sie geschnitzt hatte.

»Seht einmal: Das bin ich!«

Die anderen sahen sich die Statue an; ja, er hatte sie nicht nur für Maja geschnitzt, sondern ihr auch ihre Züge gegeben. »Gar nicht schlecht!«, sagte einer der jungen Begleiter Majas.

»Du meinst also, ich sehe wie eine Holzpuppe aus?«, fragte Maja lachend. »Ihr werdet es nicht glauben – aber ein Handwerker, der junge Holzschnitzer Chandra, hat sich in mich verliebt!«

Die Gruppe lachte. Chandra blieb fast das Herz stehen.

»Stellt euch vor, er hat ganz große Augen gemacht und davon gesprochen, dass wir einmal heiraten werden! Und dann hat er mir dieses kindische Püppchen geschenkt.« Sie sah es abschätzig an. »Ich finde, es sieht mir gar nicht ähnlich. Soll er doch ein besseres machen, wenn er bei meiner Hochzeit dabei sein will!« Sie warf die Statue achtlos in ein Gebüsch. »Vielleicht erlaube ich ihm, dabei zu sein – wenn er von mir und Agnimithra ein schönes Relief schnitzt!«

Sie warf einem der Jünglinge einen feurigen Blick zu. Agnimithra ging zu ihr und küsste sie vor allen auf den Mund. »Meine Braut!«, sagte er.

Chandra musste sich an dem Ast, auf dem er saß, festkrallen, um nicht zu fallen. Ihm wurde schwindelig, fast verlor er das Bewusstsein. Tränen flossen aus seinen Augen, und ein Tropfen fiel auf den Arm einer jungen Frau direkt unter ihm. Sie streifte den Tropfen achtlos ab, trat einen Schritt zur Seite und blickte nach oben. Ihre Augen wurden weit. Dann stieß sie einen spitzen Schrei aus. »Da! Da ist ein Leopard im Baum!«

Die Frauen ergriffen die Flucht, doch ein paar der jungen Männer zogen Messer heraus und stellten sich mutig der Gefahr. Chandra krabbelte, so schnell das möglich war, rückwärts.

»Das ist kein Leopard – es ist ein Mensch!«, rief einer.

»Ein Dieb! Schnell, lasst uns laufen, vielleicht erwischen wir ihn noch!«

Drei Jünglinge rannten zum Tor. Chandra sprang zu Boden, sobald er über der Mauer war; sie war sicher drei Mann hoch, doch er landete glücklich und lief, so rasch er konnte, nach Hause.

Niemand hatte ihn erkannt. Doch vielleicht würde Maja ahnen, dass er der vermeintliche Dieb im Baum gewesen war. Sie war klug – und sie wusste, dass Chandra sie liebte. Was würde er sagen, wenn sie, oder ihr Bruder und ihr Verlobter vor ihm stünden und Rechenschaft forderten?

Chandra stieß einen Schrei der Verzweiflung aus, nahm das größte seiner Beile und schlug seine Werkstatt kurz und klein. Als er sich ausgetobt hatte, blickte er wild um sich und rannte aus dem Haus, dem großen Fluss entgegen. Dort würde er seinem sinnlosen Leben ein Ende setzen und sich ertränken.

3 Der Flötenspieler

Chandra saß am Ufer des Flusses, lauschte dem Raunen, das die Stimmen aller Lebewesen in sich trug. Angesichts des mächtigen Stromes kam er sich noch kleiner und unbedeutender vor. Er stand auf und sammelte schwere Steine, die er in seine Taschen stopfte. Es sollte möglichst schnell gehen. Er hatte die Welt und das Leben satt.

Als er sich schließlich in den Fluss stürzen wollte, hörte er eine seltsame Flötenmusik. Eine Musik, die ihn ganz in ihren Bann zog. Ihm war, als ob die Flöte den Klang seiner Seele spielte.

Chandra stand wie angewurzelt – alle Gedanken daran, sich ins Wasser zu stürzen, lösten sich in den Melodien der Musik auf. Er hörte eine Weile zu, und die Schönheit des Flötenklanges bezauberte ihn immer mehr. Tief versunken folgte er den Tönen – bis er einen alten Flötenspieler am Ufer sitzen sah. Vorsichtig, um die Musik nicht zu unterbrechen, näherte er sich. Auf seinem Gewand, einer Kurta, war ein orange leuchtendes Symbol zu sehen, das ihn beinahe so sehr in seinen Bann zog wie die Musik. Ein Stern, nein, eine Blüte, mit sechs Blättern. Sie schien aus sich selbst heraus zu strahlen. Chandra konnte seine Augen nicht abwenden und hatte das Gefühl, von dieser Blüte magisch angezogen zu werden.

Da setzte der Flötenspieler seine Flöte ab und sah Chandra mit freundlichen, strahlenden Augen an. »Setz dich zu mir«, sagte er leise, und Chandra gehorchte. »Ich glaube, du wolltest soeben etwas sehr Dummes tun.«

Chandra schüttelte den Kopf, denn er hörte immer noch die Musik und sah immer noch die strahlende Blüte auf der Kurta des Alten. Doch dann erwachte er aus seiner Trance, und sein ganzes Unglück stand ihm wieder vor Augen.

»Die Lebenszeit ist wie ein Eimer Quellwasser, den du auf dem Weg durch die Wüste mitbekommen hast«, sagte der Flötenspieler, und in seiner Stimme lag der Zauber seines Flötenspiels. »Jeder Tropfen ist kostbar. Überlege sorgfältig, für was du dieses kostbare Gut verwendest!«

Chandra lauschte dem Alten aufmerksam. Es schien, als ob diese Worte genau auf ihn gemünzt seien. Hatte er das kostbare Wasser bisher gut verwendet? Oder hatte er es sinnlos vergeudet? Er sah auf sein Leben und fand es sinnlos. Er seufzte auf und sprach zu dem Flötenspieler: »Du hast wohl recht mit dem, was du sagst – ich habe mein Leben vergeudet. Ich habe alles falsch gemacht, ich kann nichts wirklich gut, und die Frau, die ich liebe, verachtet mich.«

Der Flötenspieler lächelte. »Alles hast du falsch gemacht? Das ist viel!« Er setzte die Flöte wieder an seinen Mund und spielte ein paar lange, traurige Töne. »Und weil du glaubst, dass dir in deinem Leben manches misslungen ist, möchtest du es nun ganz wegwerfen? Du bist wie ein Affe, der seine Hand in einen Krug mit einer Frucht steckt – und dann stecken bleibt, weil er die Frucht nicht loslassen will.«

Chandra musste unwillkürlich lächeln. »Aber der Affe hat wenigstens die Frucht – was habe ich denn, was ich nicht loslasse?«

»Deine Eitelkeit. Du malst dir innere Bilder deines Lebens, die so prachtvoll sind, dass die Götter neidisch werden. Und dann kannst du diese verlockenden Früchte deines Geistes nicht loslassen und steckst fest. Wie ein Äffchen.«

Chandra lachte kurz auf. Irgendwie hatte der Alte schon recht. Doch der Blick auf sein Leben ließ ihn wieder traurig werden. Leise sagte er: »Ich war ein Dieb, ein Bettler, ein schlechter Sohn, einer, der ein Mädchen liebt, das er nicht lieben sollte und der zu Huren geht, um sich Liebe zu kaufen. Und ein schlechter Handwerker bin ich noch dazu. Ich habe genug davon. Ich will Ruhe finden. Was ist falsch daran?«

Der Alte gab Chandra mit seiner Flöte einen sanften Schlag auf den Kopf. »Wie kannst du Ruhe finden, wenn du ständig in

Bewegung bist?«, sagte er. »Aus Ruhe kommt Bewegung, aber aus Bewegung keine Ruhe. Halte inne in deinem Tun, komme erst zur Ruhe, gewinne Klarheit – und dann erst mach dich auf den Weg zu deinem Ziel.«

»Aber mein Ziel ist Maja!«, schrie Chandra.

Der Flötenspieler lächelte nur milde. »Wenn der Weg, den du gehst, nicht zum Ziel gehört, wird dich das Wissen um dein Ziel keinen Schritt voranbringen.«

Chandra wurde ganz still. Er versuchte, die Worte zu verstehen – und verstand sie schließlich. Nicht mit seinem Geist, sondern mit seinem Herzen. »Ich fühle mich so allein«, sagte er leise.

Der Flötenspieler legte ihm die Hand auf den Arm und sah ihm tief in die Augen. »Du kannst dich nur allein fühlen, solange du deinen Blick ständig auf deinen eigenen Bauchnabel gerichtet hältst.«

Und mit einem Mal erkannte Chandra, wo er in die Irre gegangen war. Er blickte auf das Blütensymbol auf der Kurta des Alten.

»Das ist der Lotos mit sechs Blütenblättern«, sagt der Flötenspieler. »Die Blätter sind: Annehmen ... Loslassen ... Freude ... Heilung ... Selbstvertrauen ... Schaffenskraft ...« Jedes dieser Worte sprach er ganz langsam, und Chandra war es, als ginge er einen Pfad; einen Weg, der ihn zu sich selbst führte. Er nahm an, was ihm in seinem Leben geschehen war, und das erste Band in seiner Seele löste sich. Er ließ die Wut, die Eifersucht und das Zerstörerische los, und das zweite Band löste sich. Er fühlte, wie seine Seele heilte – Tränen strömten aus seinen Augen und lösten das dritte Band auf. Selbstvertrauen durchströmte ihn, und er fühlte die Kraft, die ihn seine Kunst schaffen ließ. Ein Lächeln erschien auf seinem Gesicht. Er sah dem Flötenspieler in die Augen und fühlte sich zum ersten Mal in seinem Leben leicht und vollkommen frei.

Der Alte lächelte zurück, und seine Augen strahlten voll Freude und Mitgefühl.
»Bevor du gehst, will ich dir noch eine kleine Geschichte erzählen. Sie heißt:

DAS BETT DES RAJAS

Im Mahadeva-Kloster gab es einen alten Mönch, der seinem Kloster viel Ehre eingebracht hatte, da er verstand, wunderbare Truhen, Schränke und Betten zu bauen. Nicht wenige von den Einnahmen des Klosters stammten von den Arbeiten dieses Mönches.
Als der Raja beschloss, sich mit der Tochter eines anderen Maharajas zu vermählen, ließ er seinen ersten Wesir zu sich kommen und sprach: »Höre, mein lieber Wesir: Meine junge Rajni stammt aus einem großen Haus und ist sehr anspruchsvoll. Sie soll nicht sagen können, dass sie wie eine gewöhnliche Prinzessin behandelt würde. Ich habe meine Goldschmiede angewiesen, die herrlichsten Geschmeide mit den größten Juwelen anzufertigen. Doch das ist nicht genug. Das Schlafgemach meiner jungen Frau muss etwas Einmaliges, etwas Einzigartiges sein. Am wichtigsten ist die Bettstatt – sie soll ein ganz besonderes, prunkvolles Bett bekommen. Nun habe ich einmal gehört, dass es einen Mönch geben soll, der ein unvergleichlicher Meister darin ist, Möbel anzufertigen. Finde mir diesen Mann und bringe ihn zu mir.«
Der Wesir musste nicht lang forschen, um zu erfahren, dass dieser kunstfertige Mönch im Mahadeva-Kloster lebte, und so zog er, begleitet von seiner Garde und zehn weißen Elefanten, zum Kloster und bat den Abt, diesen Mönch für diese Aufgabe freizustellen. Dabei ließ er die hohe Beloh-

nung und den Reichtum, den das Kloster zu erwarten hätte, nicht unerwähnt – ebenso wenig wie den Zorn des Rajas, falls die Aufgabe nicht zu seiner Zufriedenheit ausgeführt würde.
Der Abt lächelte nur und nickte und ließ den Mönch kommen. Der folgte dem Wesir zum Palast des Rajas. Dort führte er ihn in ein prachtvolles Zimmer, in dem alles war, was er zum Leben und Arbeiten benötigte. Alle erwarteten, dass er sogleich mit der Arbeit begönne, doch die Diener stellten fest, dass der Mönch nur still und mit geschlossenen Augen in seinem Gemach saß, und berichteten dies dem Wesir.
»Lasst ihn, er wird wohl morgen beginnen«, sagte der Wesir. Doch am folgenden Tag berichteten die Diener wiederum, dass der Mönch nicht arbeitete, sondern nur still dasaß. Doch der Wesir war nicht beunruhigt. Als jedoch der dritte, vierte und fünfte Tag verstrich, wurde auch der Wesir unruhig und beschloss, den Mönch am folgenden Tag zur Rede zu stellen. Doch als der Wesir kam, um mit dem Mönch zu sprechen, fand er ihn bei der Arbeit.
Nur zwei Tage später war das Bett fertig. Es war vollendeter, vollkommener, prachtvoller als der Wesir es sich erträumt hatte.
Als der Raja hörte, wie es sich zugetragen hatte, beschloss er, den Mönch selbst aufzusuchen. Als er das Bett sah, schwieg er eine Weile: Es war in der Tat ein Meisterwerk, viel schöner als er es sich erträumt hatte und gerade richtig für die neue Rajni, die er von ganzem Herzen liebte.
»Wie hast du das Bett in nur zwei Tagen machen können, obwohl du, wie ich hörte, zuvor fünf Tage müßig warst?«
Der Mönch lächelte den Raja an, verneigte sich und sprach: »Großer Raja, es war so: Den ersten Tag verbrachte ich damit, jeden furchtsamen Gedanken an Versagen und Bestrafung, falls meine Arbeit Euch nicht gefiele, loszulassen.

Den zweiten Tag verbrachte ich damit, jeden Gedanken an meine Unzulänglichkeit und Unwürdigkeit und jeden Glauben, dass es mir an der nötigen Kunstfertigkeit fehlen würde, loszulassen.
Den dritten Tag verbrachte ich damit, alle Hoffnung und alles Begehren nach Ruhm und Ehre und Belohnung, wenn es mir gelänge, einen Schrank zu fertigen, der Euer Gefallen fände und Eurer würdig sei, loszulassen.
Den vierten Tag verbrachte ich damit, den Stolz, der in mir erwachsen könnte, wenn ich Euer Lob empfangen würde, loszulassen.
Den fünften Tag verbrachte ich damit, in meinem Geist eine klare Vorstellung von dem, was ich anfertigen würde, zu bilden und das Bett vor meinem inneren Auge eingehend zu betrachten, in der Gewissheit, dass sogar der große Raja es sich genauso wünschte, wie es nun vor Euch steht.«
Da verneigte sich der Raja vor dem Mönch und ließ ihn mit reichen Geschenken zum Kloster zurückkehren.

Chandra hatte genau zugehört und verstanden. Er lächelte, als er an seine Eifersucht, seine Sucht nach einem Mädchen, das ihn nicht liebte, dachte. Er erkannte, welchen Schmerz er sich damit selbst zugefügt hatte. Doch das alles war jetzt vorbei. Bilder erschienen vor seinem inneren Auge, eine Flut von Bildern, von Figuren, die er schnitzen und damit das tote Holz zum Leben erwecken würde. Es war, als wären Schleusen in seinem Geist geöffnet worden. Sri Ganesha, Sri Vinayaka, der Entferner der Hindernisse, stand ihm nun bei, und er würde seine Aufgabe vollenden.
Immer wieder aber tauchte das Gesicht eines Mädchens auf. Nicht des reichen, verwöhnten, unerreichbaren Mädchens, das er zu lieben geglaubt hatte, sondern das von Chira, der Bäckers-

tochter. Erst jetzt, wo er zur Ruhe gekommen war und sie mit seinem inneren Auge sah, erkannte er, was in ihren Blicken gelegen hatte, als sie seine Arbeit gelobt und ihn angelächelt hatte. Chandra erkannte, wie blind er gewesen war, und musste darüber lächeln. »Chira«, sagte er leise zu sich selbst.

Er fühlte sich befreit und zum ersten Mal in seinem Leben eins mit sich selbst.

Kama und Krishna

1 Die Liebe der Kurtisane

Kama, die berühmte Kurtisane, lächelte die Menschen an, die ihr bewundernde Blicke zuwarfen, als sie in ihrer reich geschmückten Sänfte durch die Straßen der Stadt getragen wurde. Doch in ihrem Inneren war alles in Aufruhr.
Da sah sie einen Holzschnitzer um eine Straßenecke kommen, der eine wunderschön gefertigte Krishna-Figur trug. Er kam ihr bekannt vor; war das nicht der junge Mann, dessen Wohltäterin Maja war, die Tochter Kaliguptas? Ja – jetzt war sie sich sicher: Es war dieser arme, einfältige Handwerker, der sich in Maja verliebt und dafür einigen Spott hatte erdulden müssen. Beinahe hätte sie angehalten, mit dem Jüngling gesprochen und ihm seine Krishna-Statue abgekauft. Doch erstens ziemte es sich nicht für eine Edelkurtisane, hier mitten auf der Straße mit einem Handwerker zu handeln. Und außerdem hätte die Krishna-Statue sie nur an ihren Krishna erinnert, an den sie nicht denken wollte.
Kama war reich, berühmt, schön – so sagte man, und sie konnte nicht wirklich das Gegenteil behaupten – und doch war sie ganz und gar unzufrieden mit ihrem Leben. Seit langer Zeit schon erschien ihr alles so sinnlos, und ihr Dasein langweilte sie. Sicher, der Kaufmann Kaligupta war immer gut zu ihr. Er las ihr jeden Wunsch von den Lippen ab und verehrte sie geradezu abgöttisch. Seit drei Jahren war er ihr einziger Gönner und Liebhaber. Vielleicht neigte er ein wenig zu Eifersucht; aber nicht auf lästige oder gar gefährliche Weise, wie einige ihrer früheren Liebhaber. Und auch wenn er bereit war, sie auf Rosen zu betten – den einen, ihren allergrößten Wunsch, den würde er ihr niemals erfüllen können, und er durfte auch nie etwas davon erfahren.

Denn Kama liebte den ältesten Sohn des Kaufmanns, den schönen, den anmutigen, den klugen Krishna, den Liebling aller Frauen. Noch nie zuvor war sie verliebt gewesen. Doch als sie Krishna bei einem ihrer Besuche im Garten traf, war das Unerhörte geschehen: Kama, die Kurtisane, war in Liebe entbrannt. Oder war es nur Lust? Lustgedanken kannte sie wohl; doch immer war sie es, die die Kontrolle bewahrte und mit der Lust ihrer Gönner zu spielen wusste. Aber mit Krishna war es anders. Ja, gewiss, sie könnte ihn verführen – diese Kunst hatte sie schließlich zur Vollendung gebracht…

Mit vierzehn Jahren war Kama eine Devadasi, eine Tempeltänzerin, geworden. Ihr Onkel hatte sie an den Tempel verkauft. Und als sie sechzehn Jahre alt war, hatte sie bei Anandita Aruni, der größten Kurtisane Indiens, die vierundsechzig Künste gelernt, Männer zu beglücken. Sie war Ananditas gelehrigste Schülerin geworden.

An ihre Kindheit konnte sie sich nicht erinnern. Ebenso wenig an ihre Eltern – sie waren wohl tot, aber darüber war nie gesprochen worden. Kama war bei ihrem Onkel, dem Bruder ihrer Mutter, aufgewachsen.

Als sie in die Mädchenblüte kam – und sie war immer schon ein außerordentlich hübsches Mädchen gewesen – veränderte sich ihr Leben. Ihr Onkel, der bisher für sie wie ein Vater gewesen war, manchmal freundlich, manchmal streng, aber doch stets respektvoll, wurde immer zudringlicher. Er gab ihr Kosenamen und kaufte ihr Geschenke. Er berührte sie, wie ein Liebhaber seine Geliebte berührt, küsste sie und zwang sie, in seinem Bett zu schlafen. Kama war all das zuwider, doch schon bald bemerkte sie, dass sie mithilfe ihrer Reize alles bekommen und ihren Willen durchsetzen konnte. Ihre Macht zu gebrauchen, bereitete ihr Freude. Sie ließ den Onkel vor ihr knien, er musste sie verwöhnen und ihr zu Diensten sein.

Bald war der Onkel ihr hörig – aber reich war er nicht. Er würde ihr niemals alle Wünsche erfüllen können. So wurde Kama immer misslauniger und widerspenstiger, bis ihr Onkel schließlich die Geduld verlor und sie an den Tempel verkaufte. Kama war wahrlich nicht traurig darüber; die Berührungen des Onkels hatte sie ohnehin immer verabscheut und sie wusste auch, dass er ihr nicht das geben konnte, wonach sie sich sehnte. Macht über ihn zu haben, war zu einfach und zu unbefriedigend.

Das Leben im Tempel war zunächst eine willkommene Abwechslung. Sie verstand sich mit den Mädchen; manch eine verliebte sich gar in sie. Und sie lernte, sich anmutig zu bewegen. Doch schon nach zwei Jahren spielte sie mit dem Gedanken, aus dem Tempel zu fliehen. So weit kam es jedoch nicht, denn Anandita Aruni, die legendäre Kurtisane, war auf die kleine Tempeltänzerin aufmerksam geworden und kaufte sie dem Tempel ab.
Und so lebte Kama nun im Hause Ananditas, mit ein paar anderen Mädchen, die Ananditas Schülerinnen waren. Obwohl Anandita Aruni schon alt war, hatte sie nichts von ihrer Ausstrahlung verloren. Sie bewegte sich mit großer Anmut und immer noch hatte sie viele Verehrer; manche hielten sie gar für eine Reinkarnation von Kautilya, der legendären Devadasi und Kurtisane. Anandita war eine hervorragende Meisterin für Kama. Sofort hatte sie Kamas Begabung erkannt. Kama ihrerseits bewunderte Anandita über alles und wollte so wie sie werden: reich, unabhängig, begehrt von allen. Schnell waren die beiden, so unterschiedlich sie äußerlich auch scheinen mochten, beste Freundinnen geworden.
Kama lernte die vierundsechzig Künste der Sarasvati, der Göttin, dem weiblichem Aspekt Brahmas, des Höchsten. Alle diese Künste dienten zwar auch dazu, Männer zu verführen, zu binden und zu erfreuen – doch sie waren viel mehr als das. Die vierundsechzig Künste bildeten die Grundlage für die vollendete Weib-

lichkeit. Kama hatte einige dieser Künste intuitiv gelernt, als sie ihren Onkel zu ihrem Sklaven machte – andere, wie Gesang und Tanz, wurden ihr im Tempel beigebracht. Doch nun lernte sie viel, viel mehr. Nichts davon war einfach; und nur die wenigsten Kurtisanen beherrschten alle vierundsechzig Künste, weshalb die berühmtesten unter ihnen bei Männern auch so überaus angesehen waren. Niemand wäre auf den Gedanken verfallen, sie mit einfachen Veshyas, den Prostituierten, gleichzusetzen.
Zu den Künsten, die Kama bei Anandita lernte, gehörten:

- die Kunst, Kosmetika herzustellen und den Körper zu pflegen,
- die Kunst, ein Bett vorzubereiten,
- die Schauspielkunst,
- die geheime Wirkung der Düfte auf die Stimmung,
- die Kunst, jedes angefangene Gedicht zu beenden,
- die Kunst der Imitation,
- die Kunst des ausdrucksvollen Vorlesens,
- das Fechten und das Bogenschießen,
- das Wissen über Edelsteine und Münzen,
- die Kunst, verschlüsselte Nachrichten zu erstellen,
- die Kunst der Herstellung magischer Amulette,
- die Kunst der Kriegsführung und der Mathematik,
- die Kunst der Physiognomie, wie in Gesichtern zu lesen sei,
- die Geheimnisse des Glücksspiels und
- die Kunst, Gifte und Aphrodisiaka zu mischen.

Anandita, ihre Meisterin, Freundin und Ziehmutter beherrschte alle diese Künste meisterlich, und Kama tat ihr Bestes, ihr nachzueifern. Und so dauerte es nicht lang, bis Kama eine Kurtisane wurde, von der man als würdige Schülerin und zuweilen sogar als Nachfolgerin der großen Anandita Aruni sprach. Nur Fürsten und die reichsten Männer waren ihre Gönner.

Aber niemals, nicht einmal, hatte Kama wirklich Gefühle für andere empfunden – außer vielleicht für Anandita, denn die liebte sie wie eine Mutter. Allen anderen blieb der Zugang zu ihrem Herzen indes verschlossen.
Doch mit Krishna änderte sich mit einem Mal alles. Jetzt, da sie endlich das Alter erreicht hatte, wo sie selbst Meisterin der Liebeskunst sein und eigene Schülerinnen aufnehmen konnte, spürte sie erstmals, was es bedeutete, einen Mann zu lieben. Zwar erkannte sie ihre Torheit schnell und verachtete ihre Verliebtheit, doch konnte sie sich ihren Gefühlen nicht entziehen. Das wirklich Schreckliche war jedoch, dass diese Gefühle sich ausgerechnet auf Krishna richteten, den Sohn ihres Gönners, des Kaufmanns Kaligupta.
Oft hatte sie vom bittersüßen Schmerz des Verliebtseins gehört; doch nie hatte sie dergleichen selbst erfahren. Und nun, da sie es tat, empfand sie die Liebe als bedrohlich und wusste sich keinen Rat. Sich selbst zu kontrollieren war schließlich die wichtigste aller Kurtisanenkünste – und diese Kunst, die Selbstkontrolle, drohte ihr nun vollends zu entgleiten.

2 Mordgedanken

Alles, was Kama gelernt hatte, die ganze Selbstbeherrschung, all die Künste, die ihr nicht nur über andere, sondern auch über sich selbst Macht geben sollten, waren wertlos und konnten sie nicht länger schützen. Sie dachte an Krishna, und ihr Herz begann heftig zu schlagen. Sie erblickte Krishna, und in der Mitte ihres Bauches fühlte sie ein Feuer auflodern. Sie sah, wie Krishna anderen jungen Frauen schöntat, und entbrannte vor Eifersucht. Krishna war der Liebling aller Frauen. Sein glänzendes Haar, seine kraftvolle, schlanke Gestalt, seine Glutaugen, seine vollen, fein geschwungenen Lippen, sein herzliches Lachen, sein

Witz … es gab keine, die ihn nicht begehrte – und sei es nur im Geheimen. Und genau das war es, was Kama mehr als alles andere aufbrachte: Sie war auch nicht besser als die anderen. Ebenso gewöhnlich. So war sie voll Eifersucht auf die jungen Frauen, die Krishna begehrten, und bemitleidete sich selbst so sehr, dass sich ihr Herz mehr und mehr zusammenzog. Schließlich war Krishna Kaliguptas Sohn. Es war undenkbar für Kama, sich ihm zärtlich zu nähern. Den Sohn ihres Gönners zu verführen, verbat ihr ihr Ehrgefühl. Ihr Ehrgefühl und ihre Vernunft. Denn wie sollte sie, die Kurtisane seines Vaters, jemals Krishnas Geliebte werden? Allein der Gedanke daran war schändlich und führte ins Verderben. Und doch konnte sie in ihren stillsten und heimlichsten Momenten von nichts anderem mehr träumen.

Als wäre das alles nicht schwer genug für Kama gewesen, wurde sie auf eine noch härtere Prüfung gestellt, als Krishna sich eines Tages ausgerechnet an sie um Rat wandte: Er hatte ein junges Mädchen verführt, hatte sich wohl auch ein wenig, wenn auch nicht übermäßig in sie verliebt. Nach einer Andeutung des Mädchens fürchtete er nun, sie könne ein Kind von ihm erwarten. Dieser Gedanke machte ihm große Angst. Er war nicht bereit, eine Gefährtin zu wählen – und er lehnte es ab, mehr als eine Frau zu haben. Er wollte nicht die Pflichten eines Vaters annehmen, sondern sein Leben zur Fülle auskosten. Was könnte ihm Kama, die erfahrene, kluge Freundin wohl raten?
Kama bewahrte nach außen die Beherrschung, doch in ihrer Seele tobte ein heftiger Sturm. Sie, die Kluge, die Erfahrene, die Kunstvolle wusste nichts zu sagen. In ihr rangen Zorn, Eifersucht und Begierde miteinander. Mühsam lächelte sie und bat Krishna, er möge ihr einen Tag Bedenkzeit geben, über diese schwierige Lage nachzudenken. Krishna war es zufrieden; er war sich sicher, dass die kluge Kama ihm einen guten Rat geben würde.

Kama aber lag nichts ferner, als Krishna im Umgang mit seinen Gespielinnen Ratschläge zu erteilen. Der Gedanke an Krishna in den Verschlingungen der Liebe war ihr unerträglich. Für jeden anderen hätte sie Rat gewusst – sei es, die Liebe durch Meditation im Zaum zu halten, sei es durch Gift die Geburt eines Kindes zu verhindern, sei es, die Liebe auszukosten und sie in andere Bahnen zu lenken … Vieles hätte sie zu sagen gewusst, wäre es nur nicht ihr heimlich geliebter Krishna gewesen, der den Rat bei ihr suchte und der doch nie der Ihre werden würde. Scham, Selbstmitleid, Wut und Eifersucht bemächtigten sich ihrer. Was zum Teufel hatte dieses junge Mädchen mit Krishna zu schaffen! Die Eifersucht vergiftete ihr den Geist. Und so erwuchs in Kama der Plan, das Mädchen zu töten. Ja mehr noch: Kurz dachte sie darüber nach, Krishna umzubringen – oder jedenfalls seinen Vater. Dann wäre sie frei für ihren Krishna.
All diese wirren Gedanken waren wie Motten, die ins Kerzenlicht taumeln, entflammen und zu toter Asche zerfallen. Nur Hirngespinste, die so rasch vergingen, wie sie gekommen waren. Und doch schwelte die Eifersucht tief in ihrem Inneren weiter. Immer häufiger reizte sie der Gedanke daran, das Mädchen, das Krishna Kummer bereitete, zu töten. Wäre es nicht ein Opfer, das sie für ihn brächte?

Um ihren Grübeleien zu entfliehen, beschloss Kama, Stoffe für neue Kleider einzukaufen. Sie ließ die Sänftenträger kommen und befahl ihnen, sie zum Tuchhändler Mohandas zu bringen, der die besten Waren in der ganzen Stadt hatte.
Als sie dort ankam, stellte sie erfreut fest, dass inzwischen ein zweiter Tuchladen direkt gegenüber von Mohandas eröffnet hatte. Der neue Laden war größer und heller. Vielleicht sollte sie heute dort einkaufen.
Sie machte bereits einen Schritt auf das neue Tuchgeschäft zu, da kam Mohandas mit tiefen Verbeugungen auf sie zugelaufen.

»Verehrte Dame! Kauft bei mir. Immer habt Ihr Eure Stoffe bisher bei mir gekauft – und habt Ihr es jemals bereut?«
Kama war in sehr schlechter Laune. Sie sah den Mann ungeduldig an, warf ihm widerwillig ein paar Münzen hin und ging weiter zum neuen Laden. »Ich kaufe, wo es mir beliebt, und wünsche nicht, so angesprochen zu werden!« Der Undankbare ließ die Münzen auf der Erde liegen, sank zusammen und hielt die Hände vor sein Gesicht.
Kama war verärgert. Über sich selbst fast so sehr, wie über den dreisten Tuchhändler. Sicher – er hatte schon recht: Sie hatte es tatsächlich noch nie bereut, bei ihm zu kaufen. Doch heute zog es sie eben zu dem neuen Laden. Ohnehin lastete im Moment Wichtigeres auf ihrem Geist. Rasch suchte sie ein paar Stoffe aus, gab dem Verkäufer sein Geld und ließ sich wieder zurück zum Hause Kaliguptas tragen.
Der Ausflug hatte ihr keinen inneren Frieden, ja nicht einmal die nötige Ablenkung verschafft. Sie brauchte jetzt Ruhe. Einen Ort, an dem keine Menschen um sie herum waren – einen Ort, der ihre Seele besänftigte. So ließ sie sich an dem großen Park absetzen, der sich an das Haus Kaliguptas anschloss, bevor sie ihre Diener verscheuchte. Sie wollte allein sein und betrat den Park. Während sie durch den Park wandelte und das Plätschern des Bächleins, das Gezwitscher der Vögel und der Duft der vielen Blumen und Blüten ihr Bewusstsein wie in eine warme, tröstende Decke hüllten, kehrte ein wenig Stille in sie ein.
Kama ließ sich ziellos treiben, verloren in ihren Gedanken, als ihr mit einem Mal ein alter Yogi auffiel, der unter einem Balsabaum in Versenkung saß. Mit geschlossenen Augen zeichnete er mit einem Ast etwas in den Sand, das wie eine Blume aussah. Neugierig trat sie näher. Irgendetwas zog sie unwiderstehlich an. Vielleicht war es die Zeichnung im Sand – es sah fast so aus, als strahlte der Sand in einem sanften gelben Licht. Unwillkürlich näherte sie sich noch weiter. Sie fühlte sich magisch angezogen.

Es schien, als würde die Stimme ihres Herzens ihr keine Wahl lassen. Sie spürte, wie ihr sonst so starker Wille immer schwächer wurde und sie die Selbstkontrolle verlor. Und obwohl ihr das Angst machte, konnte sie nicht anders, als dem heiligen Mann näher und näher zu kommen. Sie spürte, dass sie mit diesem Heiligen sprechen musste. Sie wusste nicht warum, doch sie wusste, dass sie es tun musste.

3 Der Yogi

Als Kama sich ihm zaghaft näherte, öffnete der Yogi die Augen und lächelte sie an.

»Setz dich zu mir, mein Kind«, sprach er.

Wieder war es ihr, als hätte sie keinen eigenen Willen mehr, als sie zu ihm trat und sich ihm gegenüber setzte, zwischen ihnen die Lotosblüte im Sand. So saßen sie eine Weile schweigend – Kama in den Anblick des zehnblättrigen Lotos vertieft, der Yogi mit klarem Blick und einem sanften Lächeln auf den Lippen.

Schließlich löste sie ihre Aufmerksamkeit von der Lotosblüte und sah den Yogi an. »Wer seid Ihr?«, fragte sie leise.

»Ich bin du«, sprach er.

Kamas Gedanken wirbelten durcheinander. Sie spürte, dass eine tiefe Bedeutung in den drei Worten lag, doch ihr Verstand weigerte sich zu verstehen. Ich bin du? Wer bin ich? Wer bist du? Kama schüttelte den Kopf, als könne sie die Verwirrung herausschütteln.

Der Yogi lächelte sie weiterhin nur milde an.

»Meister, was heißt das: Ich bin du? Ihr seid doch nicht ich!«

»Wer bist du?«

»Ihr kennt mich nicht? Wer kennt Kama nicht?«, antwortete sie etwas hochmütig.

»Wer bist du?«, wiederholte der Yogi.

»Ich bin Kama.«

»Das ist dein Name. Wer bist du?«

Kama wollte schon aufbrausen, doch dann begann sie, ein wenig zu verstehen. »Ich bin die Kurtisane des Kaufmanns Kaligupta.«

»Das ist dein Beruf. Wer bist *du*?«

Kama schwieg nun längere Zeit und versuchte, ihre Gedanken zu klären. Es gelang ihr nicht.

»Ich weiß nicht, wer ich bin. Ich bin die Geliebte, ohne zu lieben, ich bin die Liebende, ohne geliebt zu werden.«

Der Yogi nickte unmerklich.

Kama fühlte, wie Tränen in ihre Augen stiegen. Nein! Sie wollte auf keinen Fall weinen, sie wollte nicht ihre tiefsten Gefühle zeigen, schon gar nicht gegenüber einem alten, unbekannten Mann, mit dem sie nichts als der Zufall verband. Doch sie konnte die Tränen einfach nicht zurückhalten. Was waren das nur für Gefühle, die so ungestüm in ihr aufstiegen? Sie war immer sehr eingenommen von sich selbst gewesen. Selbstzweifel waren ihr fremd; doch jetzt spürte sie sie mit aller Macht.

»Ich hasse mich!«, brach es aus ihr hervor.

Der Yogi schüttelte milde den Kopf. »Wer hasst wen, wenn du dich selbst hasst? Jeder Teil von dir bist du. Und jeder Teil trägt eine Sehnsucht in sich und hat eine Berechtigung zu sein.«

Kama sah ihn mit einer Mischung aus Zweifel und Hoffnung an.

»Alle diese Teile deines Wesens – alle diese Kamas haben eine gute Absicht«, fuhr er fort. »Finde diese Absicht und du gelangst zu innerem Frieden.«

»Wie kann der Gedanke, ein unschuldiges Mädchen, den Mann, den ich liebe, oder gar meinen guten Freund Kaligupta umzubringen, eine gute Absicht sein?«

»Die Tat wäre verwerflich«, sagte der Yogi ernst. »Doch was ist die Absicht – was ist die Sehnsucht hinter diesem Wunsch?«

Kama überlegte. »Liebe zu finden«, sagte sie schließlich leise, und der Yogi lächelte und nickte.

»Du wirst den rechten Weg finden«, sprach der Yogi. »Ich will dir eine kleine Geschichte erzählen, die dir vielleicht dabei hilft.«

DIE DREI GABEN

Einst lebte ein Bauer in Uttarakhand, der war nicht arm und ganz gewiss nicht reich, aber er war zufrieden, wie es war. Er litt keinen Hunger, seine Nachbarn waren freundlich, und endlich hatte er auch eine herzensgute Frau gefunden, die er liebte und sie ihn. Nur Kinder hatten sie nicht. Das machte den Bauern und noch mehr seine Frau traurig. Doch sie klagten nicht darüber und nahmen ihr Schicksal geduldig hin. Sie sagten sich: Es ist, wie es ist – unser Leben ist nicht schlecht. Wenn die Götter nicht wollen, dass wir Kinder haben, so soll es eben so sein.

Und doch waren sie darob ein wenig betrübt und besuchten, so oft sie konnten – und sehr oft konnten sie nicht, da ihre Arbeit sie sehr in Anspruch nahm – die Tempel in der Umgebung und beteten dort, dass ihnen die Götter doch noch Kinder gewähren wollten.

Ob die Götter sie hörten – wer weiß es? Doch vielleicht waren es die Götter, die dafür sorgten, dass das Paar auf dem Weg nach Hause einer alten Frau begegnete, die am Waldrand saß und um etwas zu essen bat. Der Bauer und seine Frau waren gute Menschen, und so zögerten sie keinen Augenblick und teilten das Wenige, das sie bei sich hatten, mit der Alten. Als sie sich verabschiedeten, legte die Alte der Frau des Bauern die runzlige Hand auf den Leib und sprach: »Ich segne dich, mein Kind.« Dann nahm sie die Hand des Bauern und segnete auch ihn.

Als das Paar nach Hause kam, sprach die Frau: »Mein lieber Mann, ich fühle mich ganz seltsam.« Ihr Mann sorgte sich, dass sie krank wäre, doch sie sprach: »Nein, krank bin ich nicht. Doch ich glaube, es regt sich ein Kind in meinem Bauch.«

Der Bauer konnte es nicht glauben, doch er schwieg. Und daran tat er auch gut, denn es dauerte nicht lang, bis klar war, dass seine Frau tatsächlich ein Kind erwartete. Die Freude des Paares war groß, und als das Kind, ein kräftiger Junge, geboren wurde, feierten sie ein Fest, zu dem alle Nachbarn eingeladen waren. Doch nicht nur die Nachbarn kamen, sondern auch die alte Frau, der sie damals im Wald begegnet waren. Sie begrüßten die Alte herzlich, denn sie ahnten, dass sie wohl etwas mit der plötzlichen Schwangerschaft zu tun gehabt hatte.

Und damit hatten sie ganz recht, denn die Alte war eine gute Zauberin. Sie segnete den Knaben und gab ihm ein Steinchen mit seltsamen Zeichen darauf. Zu den Eltern sprach sie: »Wenn euer Sohn zum jungen Mann wird, so lasst ihn diesen Stein in einen Brunnen werfen und ›Mala Naga Tava‹ rufen. Das nämlich ist mein Name, und ich werde erscheinen und ihm auf seinem Weg helfen.«

Die glücklichen Eltern bedankten sich und wollten der Alten ein Gegengeschenk geben, wie es Sitte war – doch die war plötzlich verschwunden.

Die Jahre gingen dahin, und der Bauernsohn, der Pramod genannt wurde, was so viel wie »Glück« bedeutet, wuchs gesund und kräftig heran. Als er zwölf Jahre alt war und damit das Alter der ersten Männlichkeit erreicht hatte, erzählten ihm seine Eltern von der alten Zauberin und dem Glücksstein. Pramod lachte erst über den Aberglauben der Eltern, doch dann dachte er sich: »Was kann es schon schaden?« und warf den Stein in den Brunnen: »Mala Naga Tava«, rief er. Nichts geschah. Doch als er sich umwandte, sah er eine alte Frau vor sich stehen, die ihn anlächelte und sagte: »Groß bist du geworden, Pramod! Und wenn du auf dem rechten Weg gehst, wirst du wahrhaft groß werden. Ich will dir dabei helfen – und du bekommst ein Geschenk von mir. Aus dreien darfst du wählen.« Sie zog drei Steine hervor, ganz ähnlich dem, den er in den Brunnen geworfen hatte. Auf einem war ein Tiger abgebildet, auf dem zweiten ein Adler und auf dem dritten ein Baum. »Der Tigerstein gibt dir Kraft, der Adlerstein Weitsicht und der Stein mit dem Baum inneren Frieden.«

Pramod war ein Junge, und so war es wohl nicht sehr verwunderlich, dass er sofort den Tigerstein wählte. Die Alte nickte. »Kraft ist wertvoll. Setze deine Kraft gut ein! Wenn du aber deine Wahl bedauerst, sorge dich nicht: Verschenke den Stein und rufe meinen Namen.« Und sie gab Pramod den Tigerstein in die Hand – und verschwand so plötzlich, wie sie gekommen war.

Kaum hatte Pramod den Stein in der Hand, spürte er, dass seine Körperkraft wuchs. Er probierte sich daran, schwere Steine zu heben, was ihm leicht gelang. Schließlich hob er ein Pferd mühelos über seinen Kopf. Er war der stärkste Mann weit und breit! Vielleicht sogar der stärkste Mann in ganz Indien oder gar der ganzen Welt!

Ein großer Stolz erwuchs in ihm. Er prahlte überall mit seiner enormen Kraft und wurde bewundert. »Pramod, der Starke« nannte man ihn, und bald nannte er sich selbst so.

Von weither strömten junge, kräftige Männer, um sich mit ihm zu messen. Gern nahm er die Herausforderung an, und stets siegte er.

Aber Gewichte zu heben, was war das schon? Einer der jungen Männer sprach: »Pramod den Starken nennt man dich. Du magst wohl stark sein, wenn es um so etwas Einfaches geht, wie Gewichte zu heben. Aber würde dich ein Elefant nicht leicht übertreffen? Und außerdem: Kraft, die sich nicht im Kampf bewährt, ist nicht viel wert!«

Trotzig nahm Pramod die Herausforderung an. Es stellte sich heraus, dass ihm seine Kraft auch im Kampf Mann gegen Mann, und sei er in der Kampfkunst auch noch so erfahren, zum Sieg verhalf.

Nun hob er nicht mehr Gewichte, sondern bestritt Zweikämpfe. Er besiegte jeden und verletzte manche. Als er jedoch im Kampf, ohne Absicht, einen edlen Kampfkünstler tötete, begann sich sein Gewissen zu regen. Er beschloss, nie mehr zu kämpfen, und ging viele Tage nicht aus dem Haus. Er hatte einem jungen Mann sinnlos das Leben genommen. Diese ganze Kraft, sie war doch nichts wert und brachte nur Unglück.

So schenkte Pramod den Stein einem bettelnden Krüppel und rief nach Mala Naga Tava, und die Zauberin erschien sogleich. Er verneigte sich und erzählte, wie es ihm ergangen war.

Mala Naga Tava nickte traurig. »Kraft ist nicht immer gut, Pramod. Nimm hier den Adlerstein, den Stein, der dir Weitsicht verleiht.«

Pramod nahm den Stein entgegen und betrachtete ihn. Als er jedoch die Zauberin weiter befragen wollte, musste er feststellen, dass sie bereits verschwunden war. Er sah den Stein an und bemerkte, dass, sobald er ihn mit dem Finger rieb, sogleich wusste, was in der Zukunft geschehen werde. Was er sah, war, wie ein wildes Pferd auf ihn zustürmte, wie er zur Seite springen und sich retten, jedoch auch, dass er dabei stürzen und sich den Arm brechen würde.

Drei Tage lebte er in großer Angst und wagte es kaum, das Haus zu verlassen. Als er es dann doch tat, geschah genau das, was er vorhergesehen hatte. Mit gebrochenem Arm und großen Schmerzen lag er auf dem Boden und verfluchte den Zauberstein. Da war es ja noch besser, stark zu sein.

Während er so dalag, kam der Dorflehrer vorbei und half dem Unglücklichen. Zu Pramods großem Glück verstand der Lehrer ein wenig von der Heilkunst und schiente den Arm, damit Pramod kein Krüppel werde. Zum Dank schenkte Pramod ihm den Stein der Weitsicht, den er ohnehin nicht haben wollte, und rief nach Mala Naga Tava. Sogleich erschien die Zauberin vor ihm.

Mitleidsvoll sah sie ihn an, legt ihre Hand auf seinen Arm, und der Arm ward sogleich wieder gesund.

»Pramod, mein lieber Pramod, nun habe ich nur noch einen Stein für dich, den Friedensstein. Ich hoffe, du wendest diesen kostbarsten aller Steine weise an.«

Pramod jedoch wollte keinen Zauberstein mehr haben. »Ich danke dir für deine Güte, edle Dame – doch die Steine bringen mir kein Glück. Könntet ihr mir nicht etwas schenken, das ich gebrauchen kann? Mit einem Beutel Gold könnte ich sicherlich mehr anfangen.«

Mala Naga Tava sah ihn ein wenig traurig und ein wenig ärgerlich an und schüttelte den Kopf. »Du dummer Junge! Nun gut. Verschenke auch diesen Stein, und du bekommst, was du dir wünschst. Mögest du damit weiser umgehen, als mit den wertvollen Steinen.«

Und schon war sie wieder verschwunden.

Pramod wollte den Stein, den sie ihm gegeben hatte, nicht berühren, und so wickelte er ihn in ein Tuch. Bald war er wieder guter Dinge. Sein Arm war geheilt und so gesund wie eh und je. Nun musste er nur den Stein verschenken und er wäre reich – dann hätte sich doch alles zum Guten gewendet. Aber wem könnte er diesen Friedensstein geben? Er brachte ihn zu dem Tempel, in dem seine Eltern oft gebetet hatten, und gab ihn dem weisen Abt. Der nahm den Stein verwundert entgegen, schloss kurz die Augen, lachte dann und sprach: »Ich bedarf dieses Steines nicht. Du bist ein dummer Junge.« Er warf

den Stein in die Luft, und der Stein ward zu einem Beutel Gold, den er Pramod gab.
Pramod bedankte sich überschwänglich. Ja, mit diesen Steinen konnte er etwas beginnen!
Froh kam er nach Hause und begann sogleich damit, das Gold nutzbringend zu verwenden. Er baute den Eltern ein neues Haus, kaufte Schafe und Ziegen und sogar ein Pferd. Nun waren die armen Bauern nicht mehr arm. Weiterhin lebten sie recht glücklich und zufrieden, nicht glücklicher und zufriedener als zuvor, aber auch nicht weniger glücklich und zufrieden.

Der Krüppel aber, dem Pramod den Kraftstein geschenkt hatte, wurde kräftig und gesund – und aus Dankbarkeit über sein Glück setzte er seine Kräfte zum Wohl der Menschen ein und wurde ein berühmter und geachteter Mann.
Der Dorflehrer, dem Pramod den Stein der Voraussicht geschenkt hatte, wurde ein erleuchteter Weiser und schließlich Wesir des Rajas.
So sind alle Gaben nichts für den, der sie nicht zu gebrauchen weiß.

Kama saß lange still, als sie die Geschichte von den drei Gaben gehört hatte. Je länger sie saß, desto trauriger wurde sie, und Tränen flossen aus ihren Augen.
»Auch ich habe meine Gaben verschwendet«, sagte sie. »Ach hätte ich doch nur die Möglichkeiten genutzt, die ich hatte.«
»Jede nicht genutzte Möglichkeit hat dir Raum gegeben, zukünftige Möglichkeiten zu nutzen, die du sonst versäumt hättest.«
Kama trocknete ihre Tränen. »Was aber ist meine Gabe? Ich fühle mich den Menschen nicht verbunden, ich spüre nur, dass ich Macht über sie habe.«

»Wenn du dich mit anderen Menschen nicht verbunden fühlst, suche nach der Stimme deines Herzens. Du hast mehr mit den anderen gemein, als du glaubst. Das, was du für Liebe hältst, zeigt dir den Weg. Noch ist es nicht wirklich Liebe, denn du willst besitzen. Folge deinem Herzen, lass das Habenwollen los – und du wirst deinen Weg finden.«
Die Worte drangen tief in Kamas Herz. Die Blume, die der Yogi in den Sand gezeichnet hatte, strahlte in einem warmen, gelben Licht, als wäre sie von einer versteckten Sonne bestrahlt. Kama fühlte die Wärme dieser Sonne in ihrem Bauch.
Der Yogi lächelte sie an. »Nun siehst du die zehn Lotosblätter – der Lotos, der auch in dir blüht. Und siehst du nicht? Dein Herz beginnt bereits, sich zu öffnen.«
Kama versenkte sich in das strahlende Licht, das aus der Blüte zu kommen schien.
Voll Verwunderung sagte sie leise: »Kannst du mir sagen, was diese Blüte bedeutet?«
»Sieh mit dem Herzen, dann verstehst du es. Die zehn Blütenblätter sind die lichten Kräfte, die frei werden, wenn du dich von den zehn inneren Fesseln löst.«
»Meister, was sind denn diese zehn Fesseln?«, fragte Kama.
»Es sind Selbstmitleid, Lieblosigkeit, Hass, Selbsthass, Gefühlskälte, Machtwille, Neid, Ehrgeiz, Berechnung und Blindheit für den rechten Weg.«
Bei jedem dieser Worte zuckte Kama zusammen, als wäre eine Nadel in ihr Herz gestochen worden.
Der Yogi fuhr fort: »Doch das Wissen um die Fesseln allein wird sie nicht lösen.«
Kama rief verzweifelt: »Ich werde mit aller Macht gegen sie kämpfen und wenn es mein Leben kostet!«
Der Yogi lächelte sie voll Mitgefühl an. »Ach, Kama, das ist der Weg, der dich nur in die Irre führen wird. Wenn du gegen dich selbst kämpfst – wer kann dabei schon gewinnen?«

Kama senkte den Kopf. »Aber Meister, was soll ich denn dann tun?«

»Nimm deine Fesseln liebevoll an: Verstehe, dass sie ein Teil deiner selbst sind – irregeleitete Teile deiner selbst. Nimm sie an. Und dann lass sie los. Und du wirst frei sein.«

Kama lauschte, wie sie noch nie einem Menschen gelauscht hatte, und versuchte zu verstehen. Und schließlich verstand sie – nicht mit ihrem Geist, aber mit ihrem Herzen. Lange saß sie ruhig da, mit geschlossenen Augen, den zehnblättrigen strahlenden Lotos vor ihrem inneren Auge, und ihr war, als wäre dieser Lotos ein wirbelndes Rad hinter ihrem Nabel, das ihr Wärme und Kraft verlieh.

Als sie schließlich die Augen wieder öffnete, war der Yogi verschwunden.

Mit ihm aber war auch die tiefe Trauer gewichen, die Eifersucht, der Hass … und auch der Abscheu vor sich selbst.

Nie zuvor hatte Kama sich so leicht gefühlt, so frei und voller Ruhe. Langsam erhob sie sich und ging lächelnd ihrem neuen Leben entgegen.

Mohandas' Verwandlung

1 Der Tuchhändler

Die Welt war Tuch für Mohandas. Alles, was er sah, fühlte, dachte, alles, was ihm begegnete, hatte für ihn die Qualität eines Stoffes. Ein junges, anmutiges Mädchen glich feinster chinesischer Seide, ein dicker Kaufmann war für Mohandas ein Ballen golddurchwirkten Brokats, Trauer empfand er wie dicken, blauen Samt, Freude war ein bunt gemusterter, leichter Baumwollstoff… Anderen Menschen wäre das wohl verrückt oder zumindest seltsam vorgekommen, doch für Mohandas war es ganz natürlich. Und mit anderen Menschen sprach er ohnehin nicht über seine Empfindungen.

Mohandas war mit Stoffen aller Art aufgewachsen. Sein Vater, sein Großvater, sein Urgroßvater – sie alle waren Tuchhändler gewesen. Der Vater seines Urgroßvaters, so hieß es, war Schäfer gewesen. Aus dem fernen Uttarakhand war er in die Stadt gekommen. Eines Tages hatte er beschlossen, dass er nicht mehr Schäfer sein wollte. Er lernte das Spinnen und Weben, webte Stoffe aus der Wolle seiner Schafe, verkaufte seine Schafe und zog nach Süden. Schließlich kam er in die Stadt, wo er erst auf dem Markt seine Stoffe verkaufte, dann einen Laden eröffnete und die Stoffe anderer anbot. Sein Sohn, sein Enkel, sein Urenkel, also Mohandas' Vater, hatten ihr ganzes Leben in diesem Laden verbracht. Der Tuchladen hatte, so klein er auch war, einen guten Ruf, und reiche Leute kamen – und einmal, so erzählte man sich, sei unter den Kunden sogar ein Raja gewesen.

Mohandas war also mit Stoffen aufgewachsen, und Tuche waren sein Leben. Schon als er fünf Jahre alt war, kannte er alle Materialien: Seide, indische Wildseide, die chinesische Maulbeerseide und die edle, feinste Noileseide, Baumwolle, aus der die ältesten aller Stoffe gemacht waren und die schon in der Rigveda erwähnt wurde und sogar Samt- und Brokatstoffe. Mohandas liebte sie alle.

Einmal hatte seine Mutter vorgeschlagen, dass er schneidern lernen möge – dann könnte man den Laden erweitern. Sein Vater sagte nichts dazu, doch sein Blick sprach Bände. Und Mohandas, gerade einmal zehn Jahre alt, sprach ruhig: »Nein, Mutter, schneidern sollen die Schneider. Der Raja bestellt die Felder seiner Bauern auch nicht selbst.« Sein Vater blickte stolz und voll Anerkennung auf seinen Sohn.

Doch während Mohandas alles über Stoffe lernte, lernte er nichts über Menschen. Menschen waren ihm gleichgültig. Er verachtete sie nicht, hasste sie nicht, liebte sie nicht. Sie bedeuteten ihm nur nichts, oder jedenfalls sehr wenig: Gut, die Kunden, das waren natürlich Menschen, denen man ein wenig Aufmerksamkeit schenken musste. Er lernte die rechte Anrede für sie, lernte, sich selbst ein wenig kleiner zu machen, lernte, Komplimente zu machen. Doch stets fühlte er zugleich eine unaussprechliche Leere in seinem Herzen – und füllte sie mit Stoffen. Nie hatte er erfahren, was Liebe war; nichts, das der Liebe auch nur nahekam. Nie war er von seiner Mutter auf dem Schoß liebkost worden. Seine Eltern berührten einander kaum – da er auf der Welt war, mussten sie es wohl einmal getan haben, doch nichts zeugte davon.

Als Mohandas in das Mannesalter eintrat, fühlte er sich zu Mädchen hingezogen, vor allem zu den schön gekleideten – doch er wusste nichts mit ihnen anzufangen. Mutter und Vater erwählten ihm eine Frau. Aus dem fernen Süden kam sie, Kavita, die Tochter eines Mannes, mit dem Vater seit Langem Geschäfte machte.

Erst verstand er sie nur schwer, aber das machte nichts, denn sie hatten sich wenig zu sagen. Für Mohandas' Eltern war nur wichtig, dass es einen Nachkommen gab. Das verstand Mohandas.

Der Tuchladen musste weiterleben. Mohandas und Kavita waren an dem, was die Tantras und das Kamasutra lehrten, wenig interessiert. Freilich – dann und wann verspürte Mohandas Lust, und verschämt näherte er sich dann des Nachts Kavita, die das Notwendigste über sich ergehen ließ – es dauerte ja nie lange.
So vergingen die Jahre, aber es wurde kein Kind geboren. Mohandas übernahm die Geschäfte, und kurz darauf, als eine Seuche das Land heimsuchte, starben seine Eltern.
Mohandas liebte seine Frau nicht, denn er hatte nie gelernt zu lieben. Immerhin verstanden sie einander mit der Zeit immer besser. Und sie lagen nun auch öfter beieinander. Und schließlich wurde Kavita schwanger und gebar einen Sohn, den sie nach Mohandas' Vater Mohit benannten. Kavita hatte nun eine Beschäftigung, die sie ausfüllte. Und Mohandas war stolz auf seinen Sohn – aber auch ihn konnte er nicht lieben, denn was Liebe ist, das wusste er immer noch nicht.
Wohl spürte Mohandas in der Tiefe seines Herzens, dass ihm etwas Wichtiges fehlte, doch was das war, das spürte er nicht. Er war ein ehrlicher Händler, er behandelte seine Frau und seinen Sohn gut, besser als manch anderer Familienvater. Er sorgte für sie, führte die Tradition fort, seine Kunden lobten ihn. Vor Kurzem erst hatte die Tochter des Rajas, die schöne Majandra, viele Bahnen Tuch bei ihm gekauft und ihn reich entlohnt. So hatte Mohandas allen Anlass, zufrieden zu sein. Und doch: Richtig zufrieden fühlte er sich nur, solange er inmitten seiner Tuche saß, die er liebte. Dies war die einzige Liebe, die er kannte.

Eines Tages nun, als Mohandas kam, um sein Geschäft am Morgen aufzuschließen, sah er, dass in seiner Straße ein zweiter Tuchladen eröffnet hatte. Der Laden befand sich nur einen Steinwurf entfernt, direkt gegenüber von seinem Geschäft. Mohandas schüttelte verwundert den Kopf. Natürlich war er beunruhigt, aber nicht allzu sehr. Wer würde schon den neuen Laden aufsuchen, wo es doch ihn gab – den Tuchhändler Mohandas Kumar, der auf eine mehr als hundert Jahre alte Tradition zurückblicken konnte …

2 Die Frucht des Hasses

Je länger Mohandas dabei zusehen musste, wie nach und nach immer mehr dicke Stoffbahnen in den neuen Laden geschleppt wurden, desto düsterer wurde der Schatten, der sich auf seine Seele legte. Er beobachtete jeden Schritt auf der anderen Straßenseite mit Argwohn. Das Geschäft seines Widersachers – denn er sah den neuen Ladenbesitzer längst als Feind an – war größer und heller als sein eigenes. »Kapoors Tücher & Stoffe« sah einladend aus. Zwei bunt livrierte Diener standen vor der Tür, um jeden Kunden zu begrüßen.
Bald bekam Mohandas die Konkurrenz zu spüren. Angst und Neid verfinsterten seinen Geist. Immer seltener kamen Kunden in seinen Laden, und nur wenige wussten die höchste Qualität, die Mohandas bot, zu würdigen. Allmählich zeichnete sich ab, dass er seinen Laden nicht würde halten können, wenn es so weiterging. Mohandas musste sich etwas einfallen lassen.
Aber so sehr er auch grübelte – ihm fiel nichts ein. Mohandas hatte sich einmal verstohlen im neuen Laden umgeschaut und musste sich eingestehen, dass die Auswahl groß war und gute Stoffe angeboten wurden. Zwar waren sie nicht ganz so hochwertig wie seine, doch kaum ein Kunde konnte den Unterschied erkennen. Und Kapoor war nun einmal billiger.
Mohandas setzte seine Preise schweren Herzens herab und ahnte bereits, dass das keine gute Idee war. Schließlich wollte er weiterhin nur die edelsten Stoffe verkaufen, so wie es seine Familienehre gebot. Qualität war jedoch teuer. Und so bot er

nun die teuren Stoffe ebenso günstig an, wie sein Konkurrent die billigen. Dass das einen finanziellen Verlust bedeutete, war Mohandas vollkommen klar; aber würden nicht mehr Kunden wiederkommen, wenn er so günstig war wie sein Konkurrent? Seine Rechnung ging nicht auf, denn das Gegenteil war der Fall. Einige Kunden waren ihm zunächst zwar treu geblieben, weil sie wussten, dass Mohandas die beste Qualität bot. Doch als sie sahen, dass er seine Preise herabsetzte, nahmen sie an, dass er auch die Güte seiner Stoffe herabgesetzt hatte, und kauften nicht länger bei ihm.

Mohandas' Verzweiflung wuchs mit jedem Tag. Er begann zu fürchten, dass er wohl betteln gehen müsse. Sein Sohn würde das Geschäft nicht mehr übernehmen können, das schon sein Vater, sein Großvater, sein Urgroßvater geführt hatten.

Und so tat er schließlich, was er sonst nie getan hatte: Er stellte sich mitten auf die Straße, und pries seine Waren an. Mohandas fühlte sich erniedrigt – ein billiger Straßenhändler: So weit war es mit ihm gekommen. Aber was sollte er machen, konnte er sich doch keine livrierten Diener leisten, die ihm diese Aufgabe hätten abnehmen können.

Eines Tages erschien Kama, die bekannte Kurtisane des reichen Kaufmanns Kaligupta. Mohandas war hocherfreut. Sie hatte stets viel bei ihm gekauft – nur das Beste und Teuerste. Vielleicht war das ja die Wende.

Doch Kama schien sich nur für den neuen Tuchladen zu interessieren. Sie stieg aus ihrer Sänfte und machte einen Schritt darauf zu. Mohandas sprang eilig auf und ging mit großen Schritten und tiefen Verbeugungen auf Kama zu. »Verehrte Dame!«, rief er. »Kauft bei mir. Ihr habt sonst auch hier gekauft – und habt Ihr es jemals bereut?«

Offenbar war Kama jedoch in sehr schlechter Laune. Sie sah Mohandas nur kurz und verächtlich an und warf ihm widerwillig ein paar Münzen vor die Füße, wie einem Bettler. »Ich kaufe, wo es mir beliebt, und wünsche nicht, so angesprochen zu werden!«, zischte sie und verschwand im neuen Tuchgeschäft. Mohandas ließ die Münzen achtlos im Staub liegen, hielt die Hände vor sein Gesicht und weinte. Nie in seinem Leben war er so sehr beleidigt worden. Wie konnte sie das nur tun? Kama war eine seiner treuesten Kundinnen gewesen und hatte sich ihm gegenüber stets freundlich verhalten.

In Mohandas stiegen jäh Wut und Hass auf Kapoor, seinen Konkurrenten, auf. Es war ein Gefühl, das neu für ihn war. Weder Liebe noch Hass hatten in seinem Leben zuvor eine Rolle gespielt. Doch jetzt fühlte er in seinem Herzen, dass der Hass wie ein gieriger Wurm an ihm nagte.

Kapoor – der Feind, die Wurzel allen Übels, das Böse, der Unglücksbringer… er hätte ihn erschlagen können, und nur die Angst vor Strafe und ein letzter Rest Vernunft hielten ihn ab.

Auch Kama hasste er. Wie konnte sie ihn in aller Öffentlichkeit so bloßstellen! Er wünschte, er könne sich auch an ihr rächen. Das Gift der Wut breitete sich in ihm aus. Mohandas war niemand, der sich Tagträumen hingab – doch jetzt malte er sich in Gedanken süße Rachepläne aus. Kurz überlegte er, Feuer zu legen. Doch Mohandas war weder Krieger noch Kämpfer, geschweige ein Mörder oder Brandstifter. Und so blieb ihm nichts anderes übrig, als seinen Hass in sich hineinzufressen.

Mit der Zeit blieb die Kundschaft nahezu gänzlich aus; kaum jemand verirrte sich noch zu Mohandas. Wer kam, ging bald wieder – denn der Hass hatte Besitz von ihm ergriffen, was auch die Kunden spürten. Er, der sonst immer ruhig und freundlich gewesen war, begann, seine Frau und seinen Sohn wegen Nichtigkeiten anzuschreien, gar Schläge anzudrohen. Er wollte sie schlagen, um nur irgendjemanden schlagen zu können, nur um sich von seinem Hass zu befreien. Doch er unterdrückte seine Wut und ertrug, dass der gierige Wurm des Hasses sich immer weiter in sein Herz bohrte.

Wann immer er all die verwirrten Gedanken und düsteren Gefühle beobachtete, die in seinem Geist erschienen, erschrak er und gelobte, sich zu bessern. Doch wie er sich bessern sollte, das wusste er nicht.

So saß Mohandas eines Abends in sich zusammengesunken vor seinem Geschäft, das Gesicht in den Händen, den Hass auf Kapoor in seinem Herzen; aber er hasste auch sich selbst, verabscheute sein Leben, fürchtete sich vor der Zukunft. Was sollte nur werden?

Wie er so einsam vor dem Eingang seines einst so beliebten Ladens kauerte, sah er eine Frau, die einen seltsam schillernden, mit einem Blütenmuster gewebten grünen Sari trug. War es eine junge oder alte Frau? Mohandas konnte es nicht sagen. Ihr Gesicht schien alterslos; erst erschien sie ihm wie ein junges Mädchen, dann wieder wie eine Mutter, dann wie eine Greisin. Wollte diese geheimnisvolle Frau etwa zu ihm? Sein Herz begann aufgeregt zu schlagen. Er versuchte, sich zu beruhigen. Vielleicht war es ja wirklich eine neue, reiche Kundin. Er stand auf. Tatsächlich kam sie immer näher. Ihr Gesicht strahlte Freude und Güte aus, ein großes herzliches Lächeln lag auf ihren Lippen. Unwillkürlich sah sich Mohandas um. Lächelte sie wirklich ihn so an?

Schließlich blieb die Fremde vor ihm stehen und blickte ihm tief in die Augen.

3 Die Segnung

Mohandas hielt den Atem an. Und dann, während er tief ausatmete, fühlte er sich auf einen Schlag leicht und frei, so als wäre von unsichtbarer Hand eine unerträgliche Last von ihm genommen. Er konnte es sich nicht erklären. Sein ganzer Körper entspannte sich, sein Atem kam zur Ruhe. Und zum ersten Mal, seit Kapoor eröffnet hatte, lächelte er wieder. Was passierte da mit ihm? Tief verneigte er sich.

»Edle Dame, wollt ihr eintreten?«

Die geheimnisvolle Fremde betrat seinen Laden und sah sich um. Mohandas dachte jedoch gar nicht mehr an Geschäfte. Zwar führte er ihr einige seiner besten Samt- und Brokatstoffe vor, an denen sie besonders Interesse zeigte, doch schon bald bot er ihr eine Tasse Chai an. Und bevor er wusste, wie ihm geschah, begann er, ihr von seinen Sorgen zu erzählen, so als wäre es keine Fremde, sondern eine alte, gute Freundin, die in sein Geschäft gekommen war. Je länger er ihre Nähe spürte, desto mehr schien es Mohandas, dass er diese Frau schon seit vielen Leben kannte. Die Worte sprudelten aus ihm heraus, so als wäre ein Damm geborsten, der viel zu lange einen großen See aus Bildern, Gefühlen und Gedanken aufgehalten hatte. Sein ganzes Leben, seine Träume, seine Schmerzen und seine Ängste – sie alle vertraute er ihr an.

Als Mohandas von seiner Angst vor der Zukunft sprach, legte sie ihm die Hand sanft auf den Arm und sagte leise: »Angst vor der Zukunft haben, heißt, die Gegenwart vergiften. Die Zukunft existiert nur in deiner Vorstellung, doch verwechsle deine Gedanken nicht mit der Wirklichkeit.«

Nachdem sie diese Worte geflüstert hatte, spürte Mohandas, wie eine wohltuende Wärme durch seine Brust strömte und sich der Schmerz auflöste, den er schon viel zu lange in sich getragen hatte. Die erste Kette, die sein Herz fesselte, zersprang.

Ein warmes Lächeln breitete sich auf seinen Lippen aus. Und einen endlos langen Augenblick stand er da – reglos und verzückt und genoss die Freude, wie eine süße Tasse Tee. Doch ebenso wie Tee kühlt auch Freude zuweilen schnell wieder ab. Mohandas' Angst drohte das kurze Erstrahlen der Einsicht hinter ihrem dunklen Schleier verschwinden zu lassen. In einem beinahe flehenden Ton wandte er sich an die geheimnisvolle

Dame: »Ich fürchte mich davor, ein Bettler zu werden. Was ist, wenn ich alles verliere?«
Die Frau sah ihn voller Mitgefühl an. »Bedenke, dass alles vergänglich ist. Deine Angst, etwas zu verlieren, kann die Vergänglichkeit nicht aufhalten. Angst führt zum Festhalten. Und was festgehalten wird, versucht, sich zu befreien. So führt die Angst vor Verlust zu Verlust.«
Mohandas schwieg lange. *Angst führt zum Festhalten ...* Er verstand, denn es stimmte: Seit Kapoor sein Geschäft eröffnet hatte und seine eigenen Kunden weggeblieben waren, hielt Mohandas an der Angst fest – und längst hatte sie sich tief in sein Herz gefressen. Er schluckte schwer: »Aber was kann ich denn jetzt tun? Wenn es so weitergeht, werde ich als Tagelöhner arbeiten müssen.«
Sein Gast sah ihn ernst an. Ihre geheimnisvollen grünen Augen ruhten auf ihm, und ihre ganze Erscheinung war von einem hellen, grünen Leuchten umstrahlt, das tief in Mohandas' Seele drang.
»An was du auch leidest: Das einzige Heilmittel, das dir helfen wird, ist Mitgefühl!«, flüsterte sie leise.
Und während sie dies sprach, zersprang die zweite Kette, die Mohandas' Herz fesselte. Ihre Worte brachten eine Saite in ihm zum Schwingen, und er fühlte sich so leicht, als würde er schweben. Doch es dauert nicht lange, bis er wieder fest auf dem Boden stand und einen Anflug von Ärger wahrnahm.
»Und wer hat Mitgefühl mit mir?«, fragte er müde »Warum soll ich, den niemand liebt, mit anderen Mitgefühl haben?«
Die geheimnisvolle Fremde nahm ein Stück der feinsten, grünen Seide, ergriff eine Schere und schnitt in den Stoff. Mohandas riss die Augen auf. Sie schnitt kreuz und quer – was würde das werden? Kurz darauf faltete sie den Stoff auf, und es war eine Lotosblüte mit zwölf strahlend grünen Blättern – dasselbe Muster, das sie auf ihrem Sari trug.

»Dieses Zeichen wird dir Glück bringen, Mohandas«, sagte sie. »Bewahre es gut, denn es wird dir auf deinem Weg zur Güte helfen.«

Mohandas verneigte sich, auch wenn er nicht recht verstand, wie ihm dieses Symbol wohl helfen könnte. Als er jedoch eine Zeit lang auf das Blütenmuster blickte, spürte er wie sein Herz aufblühte – ein warmes, beruhigendes, freudiges Gefühl, wie er es noch nie empfunden hatte. »Habt Dank, fremde Frau.«

Seine Besucherin lächelte ihn an: »Ihr müsst mich nicht fremde Frau nennen – mein Name ist Kakini.«

Mohandas verneigte sich, holte die Teekanne und goss ihr etwas Chai nach.

Nachdem beide eine Weile schweigend nebeneinandersaßen, fuhr er fort: »Ich fühle, dass Ihr mir etwas Besonderes gegeben habt, Kakini. Aber ich verstehe es nicht. Was bedeutet dieses Symbol?«

Ohne zu zögern, antwortete sie: »Du fragst dich, was die Blütenblätter bedeuten? Nur Mitgefühl und Liebe. Mitgefühl und Liebe zu deiner Frau, zu deinem Kind, zu deinen Eltern, zu deinen Verwandten, zu deinen Freunden, zu deinen Bekannten, zu den Menschen, die du nur einmal gesehen hast, zu den Menschen, die deinen Freunden und Bekannten nahestehen, zu allen Menschen in unserem Land, zu allen Wesen, zu denen, die du hasst und zu dir selbst. Das sind die zwölf Blütenblätter des Lotos in deinem Herzen – des Lotos, der dich daran erinnern wird, niemals auch nur einen Menschen aus deinem Herzen auszuschließen.«

Mohandas sah sie mit großen Augen an.

Sie fuhr fort. »Einen Rat will ich dir noch geben: Auf der rechten Seite des Eingangs zu deinem Laden stelle eine Ganesha-Statue auf. Bitte Ganesha um Freude und Wohlstand. Auf der linken Seite stelle Vishnu, den Bewahrer, und Lakshmi, die Göttin der Liebe, auf. Bitte sie, dein Herz zu öffnen. Dann wird sich alles zum Guten wenden.«

Mohandas bedankte sich, aber er zweifelte. »Werden mir die Götter helfen?«, fragte er.

»Ich möchte dir hierzu eine Geschichte erzählen. Hör gut zu, Mohandas.«

DER MÖNCH, DER DIE LIEBE VERGASS

Ranjid, der jüngste Sohn der Guptas, war ein ernster Junge, und die Leute sagten, er würde wohl einmal ein Heiliger werden. Da es so viele Menschen sagten, ging er tatsächlich schon sehr bald in ein Kloster und erfreute seine Lehrer mit seinem Fleiß. Eifrig lernte er die heiligen Gesänge, war Erster beim fehlerlosen Zitieren aller Schriften, war Erster bei der Meditation und der Letzte, der sie beendete. Aber das letzte Geheimnis wollte sich ihm nicht öffnen. Er war nicht heiter und befreit, sondern spürte, dass ihm etwas fehlte. So ging er denn zum Abt und sprach: »Ehrwürdiger, ich bemühe mich so sehr – aber ich komme nicht weiter.«

Der Abt hob die Brauen und lächelte. »Komm wieder, wenn du aufgehört hast, dich zu bemühen.«

Ranjid verstand nicht, was der Abt meinte, doch fortan hielt er seinen Fleiß und seine Wissbegierde zurück, lernte und meditierte weniger. Dabei wurde er jedoch nur immer unzufriedener. Schließlich suchte er wieder den Abt auf. »Ehrwürdiger, ich habe aufrichtig versucht, mich nicht zu bemühen, doch jetzt komme ich noch weniger voran.«

Der Abt lächelte und schüttelte leicht den Kopf. »Komm wieder, wenn du aufgehört hast, zu versuchen.«

Ranjid, der junge, ehrgeizige Mönch ärgerte sich nun ernsthaft. »Vielleicht ist unser alter Abt schon zu alt und nicht mehr ganz richtig im Kopf«, dachte er. »Dann ist es doch ganz gleich, was ich tue. Ich werde nicht mehr auf den alten Narren hören.«

So stand er auf, wenn er nicht mehr müde war, lernte nur noch aus Neugierde und Wissensdurst, tauchte in den Klang der Mantras ein und gab sich mit Freude der Meditation hin. Plötzlich begriff er, was der Abt gesagt hatte, und sein Herz schlug freier. Ein großes Lächeln erschien auf seinem Gesicht. Er suchte den Abt auf, verbeugte sich tief und sprach: »Ehrwürdiger Abt, ich danke Euch, dass Ihr mich vom Bemühen befreit habt.«

Der Abt lächelte still und sprach: »Was ist alles Bemühen ohne Mitgefühl? Was sind die Sutras ohne Liebe anderes als das Bellen von Hunden?«

Diesmal verstand Ranjid sofort, da das Bemühen ihn nicht mehr fesselte, und öffnete sein Herz für alle leidenden Wesen und erlangte die vollkommene Befreiung.

Als Mohandas diese Geschichte gehört hatte, erstrahlte sein Herz, und er fühlte es so kraftvoll schlagen wie nie zuvor. »Ich glaube, ich verstehe, was Ihr mir sagen wollt, Kakini. Aber was kann ich tun?«, fragte er.

»Ich werde dir eine Zauberformel verraten«, antwortete sie und lächelte ihn an.

Mohandas zog die Augenbrauen hoch. War die geheimnisvolle Frau etwa eine Fee oder eine Asura? Erwartungsvoll lauschte er ihr.

Als sie seinen verwirrten Gesichtsausdruck sah, musste Kakini lachen. Dann legte sie ihm die Hand auf die Schulter und sagte leise: »Sprich: Möge es mir gut ergehen. Möge ich Frieden finden. Möge ich glücklich sein. Sprich dies immer wieder. Und dann denke an deine Familie und sprich: Möge es euch gut ergehen. Möget ihr Frieden finden. Möget ihr glücklich sein.«

Kakini erhob sich und wandte sich zum Gehen. Mohandas wünschte, sie würde noch etwas bleiben, doch er wagte nicht, sie zu bitten. Sie trat aus dem Laden, dann drehte sie sich an der Türschwelle noch einmal um und sprach: »Wut ist immer auch Wut auf dich selbst, Mohandas. Habe Mitgefühl mit dir selbst – und die Wut wird weichen und der Güte Platz machen.«
Mohandas blickte ihr noch lange nach, während Tränen der Freude in seinen Augen standen und er eine tiefe Dankbarkeit für diese geheimnisvolle, wunderbare Begegnung verspürte. Und als er sich kurz die Tränen aus den Augen wischte und sie anschließend wieder öffnete, war Kakini verschwunden.

Mohandas tat, wie sie ihm geraten hatte, und unerklärliche Veränderungen traten ein. Es schien, als würden die Dinge sich langsam zum Besseren wenden. Allmählich kamen wieder einige Kunden. Mohandas verstand nicht genau, warum das so war. Waren es wirklich nur die beiden Statuen, die er, wie Kakini ihm geraten hatte, aufgestellt hatte? Oder die Segenssprüche, die sie ihn gelehrt hatte? Oder beides?
Hätte man jemanden auf der Straße gefragt, warum Mohandas wieder Kunden hatte, so hätte er wohl geantwortet, dass es die Ruhe und der friedliche Ausdruck auf Mohandas' Gesicht waren, die so anziehend wirkten.
Ja, Mohandas hatte seine innere Ruhe wiedergefunden. Und in seinem Herzen fand eine Verwandlung statt. Zwar machte er sich weiterhin ein wenig Sorgen um seine Zukunft, denn es waren immer noch zu wenige Kunden, die bei ihm kauften; doch der große Unterschied war, dass er nun inneren Frieden in sich trug – und dass die Keime der Liebe und des Mitgefühls in ihm heranwuchsen. Er begann, seine Frau und sein Kind liebevoll zu behandeln. Sein Leben hätte großartig sein können, wären da nur nicht die Sorgen um sein Geschäft gewesen, die sich immer wieder in seinen Geist schlichen und ihn ängstigten. Längst

hasste er Kapoor nicht mehr – aber wieder und wieder fragte er sich, warum er seinen Laden ausgerechnet in dieser Straße eröffnet hatte, und wie das Leben wohl wäre, hätte Kapoor das nie getan.

Neun Tage waren vergangen, seitdem Kakini Mohandas aufgesucht hatte. Am zehnten Tag jedoch trat sie unvermittelt in seinen Laden und fragte ihn, wie es ihm ergangen sei.
Mohandas verbeugte sich, lächelte und bedankte sich.
»Euer Rat hat mir sehr geholfen. Hass und Angst haben mich verlassen.« Mohandas lachte auf. »Nur muss ich wohl Ganesha ein wenig mehr opfern ... er scheint das Gebet um bessere Geschäfte noch nicht erhört zu haben.«
Kakini schüttelte den Kopf. »Begreife, dass du nichts tun musst. Dann wirst du die Freiheit gewinnen zu tun, was du willst.«
Mohandas hob entschuldigend die Schultern. »Aber irgendetwas muss ich doch tun, damit sich etwas verändert!«
Kakini lachte. »Oh nein! Alles ist im Fluss, alles verändert sich. Du kannst nicht *nichts* tun!«
»Ich verstehe, dass ich immer *irgendetwas* tue. Doch es ist nicht alles gleich! Was genau sollte ich also tun?«
Sie schüttelte den Kopf, und ihr Lächeln wirkte etwas wehmütig. »Ich fürchte, du hast bisher nicht richtig zugehört, Mohandas. Nun, es gibt eine einfache Möglichkeit, dein Schicksal zu verändern. Bist du bereit, auch etwas Schwieriges zu tun?« Sie lächelte geheimnisvoll.
»Ja, ich werde tun, was du mir rätst«, antwortete er.
Sie sah ihm abermals tief in die Augen: »Also gut – dann sprich folgende Worte: Möge es dir, Kapoor, gut ergehen. Mögest du Frieden finden. Mögest du glücklich sein.«
Mohandas schüttelte verwirrt den Kopf. »Was? Kapoor soll es gut ergehen? Wie soll ich das wünschen? Geht es ihm gut, geht es mir schlecht!«

»Sagtest du nicht, dass du tun würdest, was ich dir rate?« Kakini sah ihn heiter, aber voller Mitgefühl an. Dann fuhr sie fort: »Als Buddha noch auf der Erde wandelte, zog er durch das Land und lehrte die Menschen die Kraft des Mitgefühls. Lass mich dir eine kleine Geschichte erzählen.

EINE HANDVOLL REIS

Einst lebte in einem kleinen Dorf eine junge Frau namens Amisha. Sie hatte vor Kurzem ihren Sohn Prem geboren und sie lebte mit ihrem Mann Rahul in bescheidenem Wohlstand und Glück. Doch vier Jahre nach der Geburt Prems wurde der Knabe plötzlich krank und immer kränker und starb schließlich. Sein Vater Rahul weinte sehr und war voll Trauer, tief wie der Ozean und groß wie die Berge. Doch Amishas Trauer war tiefer als der Ozean und reichte über die heiligen Berge und die Sterne hinaus. So tief und weit war ihre Trauer, dass sie nicht mehr wusste, was wirklich war und was nicht. Sie trug den kleinen Leib Prems mit sich umher und fragte jeden, dem sie begegnete, ob er denn nicht eine Medizin habe, die ihren Sohn erwecken würde.

Nun begab es sich, dass gerade zu dieser Zeit Buddha in das Dorf kam. Als Amisha auch ihn um eine Medizin bat, sah er sie voll Mitgefühl an und sprach: »Ich werde dir helfen, dein Leid zu überwinden.«

Amisha sah ihn hoffnungsvoll an.

»Dazu musst du mir eine Handvoll Reis bringen.«

Amisha nickte eifrig. »Ja, Ehrwürdiger.« Sie wollte sich schon zum Gehen wenden, da hob der Buddha die Hand. »Doch eines noch: Der Reis muss von einer Familie kommen, in der niemand einen geliebten Menschen verloren hat.«

Amisha ahnte schon, dass das keine leichte Aufgabe war, doch sie ging von Haus zu Haus und bat um eine Schale Reis. Viele gute Menschen lebten in dem Dorf und trauerten mit Amisha, und so war jeder bereit, zu geben – doch jeder hatte irgendeinen Freund, eine Tochter, einen Sohn, eine Ehefrau, einen Ehemann, einen Vater, eine Mutter verloren und betrauert.
Nach dem dritten Haus begann Amishas Herz sich zu regen, jedoch anders als es sich zuvor in ihrer tiefsten Trauer geregt hatte. Und es war, als würde ein Schleier von ihren Augen gezogen, und sie erkannte, dass Trauer und Verlust unausweichlich waren – aber auch, dass alle Wesen diesem Kreislauf unterworfen waren, dass sie nicht allein war, dass keiner von Verlust und Trauer verschont bliebe. Und so verwandelte sich ihre grenzenlose Trauer in grenzenloses Mitgefühl mit allen leidenden Wesen.«

Mohandas begriff. Tränen standen in seinen Augen. Er wollte gerade etwas sagen, da hob Kakini die Hand. »Ich möchte dir noch eine letzte Geschichte erzählen, bevor ich gehe. Höre gut zu!«

JANANI UND KIRANA

In dem kleinen Dorf lebten zwei Frauen, die voneinander so verschieden waren wie Tag und Nacht. Doch sie kannten sich schon lange und waren gute Freundinnen. Janani jammerte ständig, über alles und jeden, während Kirana still war und zuhörte.
Und so jammerte Janani, wie sehr sie doch zu leiden hätte, da ihre Tochter den armen Schustergesellen und nicht den rei-

chen Kaufmannssohn geheiratet hatte, wie schrecklich ihre Schwiegertochter sei und dass ihr Sohn ihr nicht mehr gehorche, wie ungerecht es war, dass ihre Schwester Jaika so reich war und zehn Dienerinnen hatte, während sie nur über eine gebot. Am Ganesh-Chaturthi-Fest wäre so viel zu tun, und danach täte ihr der Bauch weh, da es so viele Süßigkeiten gegeben hatte. Und der Wein, den sie getrunken hatte, hatte ihr Kopfschmerzen bereitet. Und dabei war der Wein so teuer gewesen. Sie, Janani, sei doch wirklich ein bedauernswertes Geschöpf. Und je mehr sie über ihre Leiden klagte, desto schwerer schienen sie ihr und desto unzufriedener wurde sie.
Ihrer Freundin Kirana gelang es jedoch, ihr Leiden ein wenig zu verringern. Sie hörte Jananis Klagen voller Mitgefühl an. »Meine arme Freundin!«, dachte sie, sie muss so viel erdulden. Zwar war auch Kirana nicht reich, es waren ihr keine Kinder vergönnt, ihr Mann war schon vor einigen Jahren am Fieber gestorben. Und Dienerinnen hatte sie nicht, sondern musste auch die niedrigsten Arbeiten selbst verrichten. Das alles war zweifellos sehr bedauerlich – aber warum sollte sie nur sich selbst im Sinn haben? So tröstete Kirana ihre jammernde Freundin, und als sie gemeinsam einen Tee tranken, beruhigte sich Janani ein wenig.
Als Janani nach Hause ging, war sie ein wenig beschämt. Warum hatte sie gar nicht nach dem Befinden ihrer Freundin gefragt? Während sie darüber nachdachte, fiel ihr all das ein, was sie vergessen hatte –, dass es Kirana nämlich eigentlich viel schlechter ging, als ihr. Und ihr Jammern schien ihr mit einem Mal sehr unangebracht. Als sie ein paar Tage darauf wieder zusammen saßen, fragte sie Kirana: »Meine liebe Freundin, sag mir doch: Wie findest du die Kraft, mich zu trösten, da es dir doch so viel schlechter ergangen ist, als mir?«
Kirana sah sie erstaunt an, dann lachte sie. »So habe ich das gar nicht gesehen. Meine liebe Janani, es ist doch ganz

anders. Wenn ich deine Leiden sehe, ist mein Blick nicht auf die meinen gerichtet – fast vergesse ich sie. Meine Tränen fallen in den Ozean der Tränen aller Menschen – und dort werden sie so verdünnt, dass ich sie gar nicht mehr wiederfinden kann …«

Mohandas hatte sich selbst erkannt. War er nicht auch wie Kirana? Mohandas beschloss, dass er genau das tun würde, was ihm seine geheimnisvolle Freundin geraten hatte: Er würde nun auch Kapoor segnen.
Als er sich verabschieden wollte, merkte er, dass Kakini bereits gegangen war. Eine ganze Weile saß Mohandas sinnend, aber mit einem Lächeln auf den Lippen, vor seinem Laden. Er hatte nicht alles verstanden. Noch nicht. Doch Kakini, das wusste Mohandas nun, war weise, und ihr Rat war immer gut gewesen. Was er bis jetzt nicht verstanden hatte, das würde er gewisslich verstehen, wenn die Zeit reif wäre.
Und so ließ er los und tat, wie sie ihn gelehrt hatte.

Es dauerte nur wenige Tage, da kamen immer mehr Kunden zu Mohandas; manche kamen gar aus Kapoors Geschäft, um die bessere, teurere Ware Mohandas' zu prüfen. Jeder, der seinen Laden aufsuchte, kehrte gerne wieder. Es schien unerklärlich, doch wer auch immer zu ihm gekommen war, fühlte sich danach freier und heiterer, ganz gleich ob er nun etwas gekauft hatte oder nicht.
Schon bald hatten Kapoor und Mohandas gleich viele Kunden. Und so hätten wohl beide Läden nebeneinander bestehen können. Doch eines Tages stand Kapoor plötzlich in Mohandas' Geschäft und sprach: »Mein lieber Mohandas, ich glaube, ich werde meinen Laden schließen. Es war unklug von mir, dir Konkurrenz zu machen – verzeih mir. Ich weiß wohl, dass deine

Kenntnisse die meinen übersteigen. Ich werde in einem anderen Teil der Stadt einen neuen Laden eröffnen.« Er schüttelte den Kopf und lachte. »Dann kommen manche der Reichen auch zu mir, wenn die bessere Ware nicht nur ein paar Schritte entfernt ist.«

Mohandas war erstaunt über die Worte Kapoors und schenkte ihm eine Tasse Chai ein. Während sich die beiden schweigend gegenüber standen, wurde Mohandas eine tiefe Verbundenheit mit seinem ehemaligen Feind bewusst und er musste innerlich lächeln – erfreut darüber, dass keinerlei Hass mehr zwischen ihnen stand.

Kapoor neigte sich zu ihm und flüsterte: »Doch ich würde zu gern dein Geheimnis erfahren. Wie ist es dir nur gelungen, deine Kunden so schnell zurückzugewinnen? Hast du die Künste einer Zauberin oder eines Asura beschworen?« Er grinste zwar bei diesen Worten, doch Mohandas sah ihm an, dass er es schon ein wenig ernst meinte. Vielleicht hatte er Kakini ja gesehen?

Mohandas lächelte. »Das Geheimnis, lieber Kapoor, ist sehr einfach: Es ist das Mitgefühl. Ich war einst voller Hass, weil mein Geschäft drohte, zugrunde zu gehen. Doch dann lernte ich, dass die Kraft des Herzens alles überwindet. Segne alle Wesen, auch die, die wie Feinde erscheinen. Dann kehrt Frieden in dein Herz ein – und herrschen Friede und Mitgefühl in deinem Herzen, so werden auch deine Taten gesegnet sein!«

Majandras Stille

1 Der Musiklehrer

Die Tochter des Rajas Naresh und der Rajni Jasleen war schon als Kind sehr klug und wissbegierig; oder wie andere – wenn auch nur hinter dem Rücken der stolzen Eltern – sagten: altklug und neugierig. Doch auch diese anderen hatten die kleine naseweise Prinzessin letztlich von Herzen gern, denn sie war ein sehr hübsches und liebenswürdiges Mädchen. Nie sprach sie herablassend zu den Bediensteten und hatte auch für die niedrigste Küchenmagd immer ein freundliches Wort.

Es fehlte ihr an nichts – außer vielleicht an Zurückhaltung und Sparsamkeit. Eines Tages setzte sie es sich in den kleinen Kopf, alle ihre Dienerinnen festlich einzukleiden. Mit pompösen Kleidern, die sie selbst entworfen hatte. Der Hofschneider wurde bleich, als er die Entwürfe sah. Doch Majandra, so hieß die Prinzessin, ließ sich nicht abbringen. Die Sänftenträger wurden gerufen, und Majandra verlangte in die Stadt, zum berühmten Tuchhändler Mohandas getragen zu werden, wo es die besten Seiden- und Brokatstoffe weit und breit gab. Dort kaufte sie so viel ein, dass der Tuchhändler sie mit vielen Verbeugungen verabschiedete und in Jubelrufe verfiel, kaum dass sie außer Sicht und er wieder hinter geschlossener Türe in seinem Laden war.

Der Hofschneider und seine Gehilfen saßen eine ganze Woche daran, die seltsamen Entwürfe der Prinzessin zu schneidern. Und als sie fertig waren, sahen die Dienerinnen Majandras aus wie ein Schwarm Papageien. Und der bunteste Papagei in der Mitte des Schwarmes war natürlich die Prinzessin selbst. Was sie nämlich mehr als alles andere liebte, war, im Mittelpunkt zu stehen.

Der Raja und die Rajni schüttelten die Köpfe. Es war ja schön und gut, dass das Mädchen so einfallsreich war – doch insgeheim befürchteten sie, dass Majandra es sich eines Tages in den Kopf setzen könnte, den gesamten Hofstaat neu einzukleiden. In der Hoffnung, sie auf vernünftigere und weniger kostspielige Gedanken zu bringen, schlug die Rajni schließlich vor: »Majandra braucht etwas Schönes, das sie ganz in Anspruch nimmt. Vielleicht sollte sie ein Musikinstrument erlernen.« Der Raja nickte und lächelte: »Ja, meine Liebe. Das ist eine hervorragende Idee!« Und so wurde ein junger, begabter Musiklehrer an den Hof geholt, um die Prinzessin die Kunst der Musik zu lehren.
Eine Weile schmollte die Prinzessin, war sie es bisher doch immer gewohnt gewesen, ihren eigenen Kopf durchzusetzen. Doch als Tejas, der junge Musikmeister, begann, die Saiten der Santur singen zu lassen, löste sich ihr Schmollen schnell im Wohlklang der Musik auf. Und als er danach auch noch auf der Bansuri-Flöte blies, wusste sie, dass sie das auch können wollte. So lernte Majandra die Santur und die Bansuri zu spielen, lernte Gesang und Dichtung. Sie lernte schnell, und schon bald bot die Prinzessin ihre Künste jedem dar, der bereit war zuzuhören – und da sie überaus begabt war, bekam sie viel Aufmerksamkeit und Beifall: die beiden Dinge, die ihr seit jeher am wichtigsten waren. So sehr verliebte sich Majandra in die Musik, dass sie sich ein Leben ohne diese wunderbare Kunst nicht mehr vorstellen mochte.
Ihre Mutter indes, die Rajni, liebte die Musik zwar auch, noch viel mehr aber liebte sie den hübschen, klugen Musikmeister Tejas. Es dauerte nicht lange, da die beiden der Versuchung verbotener Liebe nachgaben. Still und heimlich trafen sie sich am Tage in den Lustgärten des Rajas; stiller und heimlicher noch des Nachts im Schlafgemach der Rajni. Schließlich schien es Tejas das Klügste zu sein, mit seiner Geliebten auf und davon zu laufen, bevor sie entdeckt würden. Sehr bald schon aber stellte

sich heraus, dass der junge Musikant wohl doch nicht ganz so klug war, denn sonst hätte er wissen müssen, dass der Raja diese Schande nicht einfach hinnehmen würde, sondern dem Liebespaar sogleich Soldaten hinterherschickte, die die beiden schnell wieder einfingen.
Da der Raja seine Gemahlin trotz allem noch immer liebte, ließ er weder sie noch ihren Liebhaber hinrichten, sondern beide in den Kerker werfen – in getrennte Kerker, versteht sich.

Majandra weinte bitterlich und hörte nicht mehr auf damit. Dass ihre Mutter mit ihrem Musiklehrer das Weite gesucht hatte, war freilich nicht recht von beiden gewesen – doch änderte das nichts daran, dass sie ihre Mutter liebte und Tejas vermisste. In Anbetracht seiner weinenden Tochter wurde der Raja immer ärgerlicher: »Deine Mutter und dein Lehrer sollten den Göttern danken, dass sie noch am Leben sind! Sie sind deiner Tränen nicht wert.«
Es half nichts – im Gegenteil: Nach diesen Worten weinte Majandra nur noch umso bitterlicher und war nicht mehr zu beruhigen. Schließlich wurde das dem Raja zu bunt: Vor Wut rasend verbot er nicht nur alle Musik im Palast, sondern zwang Majandra dazu, ihre Instrumente ins Feuer zu werfen. Die sträubte sich mit Händen und Füßen dagegen, doch vergebens. »Tust du es nicht, werde ich stattdessen deine Mutter und Tejas ins Feuer werfen lassen«, schrie der Raja außer sich vor Zorn. So gab Majandra ihre Santur und ihre Bansuri schließlich unter vielen Tränen den Flammen hin, fiel vor ihrem Vater auf die Knie und bat um Gnade für ihre Mutter. Der aber sah seine Tochter nur streng an und donnerte: »Schweig! Ich will nichts mehr davon hören.«
Und Majandra schwieg.
Wer auch immer sie ansprach, sei es ihre Zofe, ihre Bediensteten oder auch ihr Vater – Majandra gab keine Antwort. Zunächst

schüttelte der Raja nur verständnislos den Kopf, doch nach einigen Tagen verlor er die Geduld.
»Sprich wieder, Tochter! Oder es wird dir schlecht ergehen.«
Majandra zuckte nur ratlos mit den Schultern.
»Bleibst du so verstockt, so wirst du es bereuen«, schrie der Raja. Doch Majandra sprach weiterhin kein Wort, sondern sah ihren Vater nur mit Tränen in den Augen an. Da nahm der Raja eine Rute und versetzte ihr einige Hiebe. Majandra aber schwieg.
Was der Raja nicht wusste und auch nicht wissen konnte, war, dass Majandra längst nicht mehr aus Sturheit verstummt war, sondern dass sie die Gabe der Sprache mit einem Schlag verlassen hatte. Die einst so gesprächige Prinzessin brachte kein Wort über die Lippen – nicht, weil sie nicht sprechen wollte, sondern weil sie es schlichtweg nicht mehr konnte.

2 Das Schweigen

Nichts wünschte Majandra sich sehnlicher, als wieder sprechen zu können. So gerne hätte sie ihrem Vater gesagt, wie sehr sie ihn liebte, dass sie zwar wusste, dass ihre Mutter nicht recht gehandelt hatte, dass sie sie aber dennoch vermisste, da sie nun einmal ihre Mutter sei. So gerne hätte sie ihm gesagt, wie sehr sie auch die Musik vermisste. Doch zu ihrem Entsetzen konnte sie nicht mehr sprechen. Was sie auch sagen wollte – es blieb ungesagt. Dabei gab Majandra sich alle Mühe: Sie versuchte zu schreien – doch kein Ton verließ ihre Kehle. Sie schlug sich selbst mit einer Gerte blutig – doch kein Schmerzenslaut war ihrem Mund zu entlocken.
Hätte sie nur wenigstens ein Musikinstrument! Doch ihr Vater, der Raja, hatte ja alle Musik vom Hof verbannt. Sämtliche Instrumente hatte er verbrennen lassen und das Singen verboten. Als er einmal den Stallburschen dabei ertappte, wie er ein lustiges

Liedchen sang, entließ er den Jungen sogleich und verabreichte ihm als Abschiedsgeschenk zehn Peitschenhiebe.
Die Kunde, dass der Raja die Musik hasse, verbreitete sich wie ein ungezähmtes Feuer, das vom Wind angefacht wird. Die vielen Gerüchte ließen die Nachricht, dass er jegliche Musik verboten hatte, zu einer wahren Flut an wilden Geschichten anwachsen. Die einen meinten zu wissen, dass der Raja einen Magier beleidigt habe, der ihm als Strafe die Freude an der Musik weggezaubert hätte. Andere glaubten, der Raja sei von einem Asura, einem Dämon, besessen. Wieder andere sagten, Vishnu sei persönlich erschienen und hätte den Raja für schreckliche Untaten bestraft, und die Strafe war, dass ihm jegliche Musik unsagbare Schmerzen bereite. Es gab auch die Vernünftigeren, die an natürliche Ursachen glaubten und meinten, ein Wurm habe sich ins Herz des Rajas gefressen und dabei die Stelle zerstört, an der die Musik saß.
Wie sehr auch die Meinungen auseinandergingen – die grausigen Gerüchte führten dazu, dass Musiker und Instrumentenbauer die Stadt schon bald verließen. Es wurde seltsam ruhig in der lauten Stadt, nun da aller Gesang, alles Flöten- und Sitarspiel verstummt waren. Und auch die Menschen waren still und ernst geworden.
Aber dann gab es auch die, die die Musik von Herzen liebten und sie so wenig aufgeben wollten wie ihre Heimat. Und so trafen sich Musikanten und Sänger, Musikliebhaber und Gönner in Räumen, die keinen Klang nach außen ließen, in abgelegenen Parks und stillen Gassen. Im Geheimen war das musikalische Leben in der Stadt lebendiger denn je.

Majandra versuchte unterdessen, durch Gesten und Gesichtsausdrücke mit ihrem Vater zu sprechen. Sie deutete auf ihren Mund und ihre Kehle und schüttelte den Kopf. Sie schlug sich selbst ins Gesicht und öffnete den Mund wie zu einem Schrei – ohne dass ein Laut zu hören war. Doch war es, dass der Raja nicht verstand oder nicht verstehen wollte: Nach wie vor war er davon überzeugt, dass Majandra nur aus Trotz schwiege, und die Wut regte sich wieder in ihm. So packte er seine Tochter eines Tages am Arm und schleppte sie in eine Kammer, die er versperrte. Jeden Tag kam er dreimal, um zu sehen, ob seine Tochter wohl endlich zur Vernunft gekommen sei. Doch Majandra schwieg beharrlich. Da beauftragte der Raja eine junge Dienerin. Die solle Majandra Gesellschaft leisten, ihr lieb tun und versuchen, ob sie sie nicht wieder zum Sprechen bringen könne – und sei es auch nur im Geheimen. Gelänge es ihr, so versprach der Raja dem Mädchen, solle sie einen Beutel Gold erhalten und er würde ihr einen Mann weit über ihrem Stand verschaffen.

Liebend gern übernahm das Mädchen diese Aufgabe, zumal sie Majandra, die nahezu im gleichen Alter war, sehr mochte und bewunderte. Sie glaubte fest daran, dass sie ihre Herrin zum Sprechen überreden könne. Nach zwei Wochen jedoch hatte auch dieses Unternehmen keinen Erfolg – da half alle Zuversicht nicht. Weder im Geheimen, noch im Flüsterton und nicht einmal auf das innigliche Bitten ihrer lieblichen Gesellschafterin hin brachte Majandra auch nur ein einziges Wort über die Lippen.

Die Dienerin fiel vor dem Raja auf die Knie. »Vergebt, Herr. Mir ist es nicht gelungen, Eure Tochter zum Sprechen zu bringen. Ich glaube auch nicht, dass es jemand anderem gelingen kann.« Sie zitterte am ganzen Leib, da sie eine harte Strafe vom Raja befürchtete. Der aber brummte nur, sie habe sich ja bemüht, und gab ihr sogar eine kleine Münze zum Abschied.

Trotz seiner Verzweiflung dachte der Raja gar nicht daran, aufzugeben – im Gegenteil gelobte er, nicht eher zu ruhen, bis seine Tochter wieder geheilt war. Ganz gleich, was ihr die Sprache geraubt haben mochte – ob das nun eine unbekannte Krankheit, ein Asura, ein böser Zauber oder ein Zeichen der Götter ge-

wesen war: Zweifellos konnte die Krankheit geheilt, der Asura vernichtet, der Zauber rückgängig gemacht oder die Gottheiten milde gestimmt werden.
Der Raja ließ Majandra aus der Kammer holen und sie wieder in ihre Gemächer bringen. Dort besuchte er sie, streichelte ihr über den Kopf und sprach: »Ich glaube dir, mein Kind, dass du nicht mehr sprechen kannst. Aber sei gewiss – ich werde alles tun, was in meiner Macht liegt, um dich von diesem Leiden zu befreien!«
Majandra blickte ihren Vater mit Freudentränen in den Augen an. Wie gerne hätte sie ihm aus ganzem Herzen gedankt, doch es half nichts: So viele Worte des Dankes sie auch in ihrer Seele trug – die Fähigkeit, sie auch auszusprechen, schien sie für immer verloren zu haben.

Eine hohe Belohnung wurde vom Raja ausgesetzt: Wer seine Tochter, die schöne Majandra, dazu bewege, auch nur einen einzigen Satz laut und vernehmlich vor Zeugen auszusprechen, solle drei Elefanten erhalten, mit Gold beladen und von Bediensteten geführt. Und wenn er denn edler Herkunft und willens sei, würde ihm dazu noch Majandra als Frau gegeben.
Wie sich wohl jeder, außer dem Raja, vorstellen konnte, zog eine solche Belohnung Scharlatane an, wie das Licht die Motten. Schon am ersten Tag meldeten sich ein Dutzend Heiler, Zauberer und Zauberinnen, Wundertäter und Kräuterfrauen, Heilige und Dämonenbeschwörer, die sich darum stritten, wer als Erstes sein Glück bei der Prinzessin versuchen dürfe. So groß war der Andrang, dass der Wesir schließlich Lose ziehen lassen musste.
Die folgenden zwei Wochen waren eine Marter für die arme Majandra, musste sie doch täglich stundenlang den Gebeten der Mönche, den Beschwörungen von Zauberern und den Sprüchen der Geisterheiler andachtsvoll lauschen. Doch dies war noch wenig im Vergleich zu den Qualen, die sie durch die Verabreichung vermeintlicher Wundermittel der vielen Heiler und

Kräuterkundigen erdulden musste. Immer wieder wälzte sie sich fiebernd im Bett, von Schmerzen und Übelkeit gequält – doch die erwünschte Wirkung blieb aus und Majandra nach wie vor stumm.

Einige der Heiler waren Scharlatane, doch manche waren berühmt und erfahren. Einmal schien eine Behandlung besser zu wirken, als alle bisherigen, als die Heilerin Savitri ihre Hände auf Majandras Kopf legte und heilige Sutras rezitierte. Majandras Augen begannen daraufhin zu leuchten, und tatsächlich fühlte sie sich ein wenig besser. Sie spürte, wie ein Ton ihre Kehle kitzelte, und es hätte nicht viel gefehlt, dass er auch entwichen wäre – doch letztlich waren auch Savitris Bemühungen vergebens, denn der Ton erstarb noch bevor er Majandras Lippen erreicht hatte.

Der Raja wurde immer ungeduldiger. Und als schließlich ein Bauchredner auftauchte, der vorgab, er könne Majandra sprechen lassen und stattdessen lediglich ihre Stimme nachahmte, wurde es dem Raja, der den Betrüger sofort durchschaute, zu bunt. Der Bauchredner bekam dreißig Hiebe auf die Fußsohlen. Raja Naresh indes erhöhte die Belohnung nochmals. Doch wo es viel zu gewinnen gab, gab es nun auch viel zu verlieren, denn der Raja befahl, dass von jetzt an demjenigen, der die Prinzessin zu heilen versprach, aber versagte, die Zunge herausgeschnitten würde. Der Bauchredner humpelte vom Hof und dankte den Göttern, dass er so billig davongekommen war.

Die Zahl der Bewerber wurde sehr überschaubar, denn schließlich war kein einziger der wartenden Heilkundigen geblieben.

Schon am nächsten Tag jedoch kam ein Mann, nicht jung, nicht alt, an den Hof des Rajas. Er trug eine Tanpura, eine Langhalslaute, auf seinem Rücken und über seiner Schulter einen Beutel mit gestickten Abbildungen von Rama und Indra, einem weißen Elefanten und einem vielblättrigen hellblauen Lotos.

Als die Wache ihn sah, hielt sie ihn sogleich auf, nahm ihn heimlich beiseite und warnte ihn leise: »Mach schnell, dass du

fortkommst. Weißt du denn nicht, dass der Raja alle Musikinstrumente und alle Musik im Palast verboten hat?«
Der Musikant lächelte freundlich. »Der Raja selbst hat mich gerufen.«
»Dich?« Die Wache staunte ungläubig. »Wer bist du denn?«
»Man nennt mich Amar«, sagte der Musikant. »Und der Raja hat verkündet, dass er Heilung für seine Tochter sucht. Ich komme, die Prinzessin zu heilen.«
Die Wache schüttelte den Kopf. »Du kommst zu spät. Die ganzen Scharlatane sind schon wieder abgezogen. Besser du verschwindest schnell. Kannst du die Prinzessin nämlich nicht wirklich heilen, wird dir die Zunge herausgeschnitten werden! Geh, bevor der Raja dich bemerkt.«
Doch Amar lachte nur und rief: »Führt mich zu eurem Herrn!«
Kurz darauf stand er vor dem Raja, der ihn mit glühenden Augen und finsterer Miene ansah. »Weißt du nicht, Elender, dass ich Musik im Palast verboten habe?«
»Oh doch,« lächelte der Musikant. »Davon habe ich schon gehört.«
Naresh Raja erhob sich wütend von seinem Thron. »Willst du mich etwa verspotten?«
»Keinesfalls«, sagte der Musikant heiter. »Ich möchte deine Tochter heilen, sonst nichts.«
Der Raja setzte sich wieder, atmete tief durch und sprach mit ruhigerer Stimme: »Dir ist bekannt, dass ich Scharlatane bestrafe? Lügnern wird die Zunge herausgeschnitten. Du aber wirst wegen deiner Dreistigkeit, Musikinstrumente in meinen Palast zu bringen, zusätzlich deine Hände verlieren, so es dir nicht gelingen sollte, meine Tochter zu heilen!«
Amar lächelte den Raja nur freundlich an. »Gebt mir drei Tage«, sagte er.
Der Raja nickte, und der Musikant wurde in die Gemächer der Prinzessin geführt.

3 Der Klang der Stille

Majandra sah Amar neugierig an. Am meisten faszinierte sie die Tanpura, die über seiner Schulter hing. Wie war es ihm nur gelungen, ein Musikinstrument in den Palast zu bringen? Und was hatte diese blaue Lotosblüte auf seinem Beutel zu bedeuten? Sie fühlte sich magisch von ihr angezogen.

Lange lächelte Amar die Prinzessin freundlich an, ohne ein Wort zu sprechen. Als sie endlich genug gestaunt hatte und es im Raum vollkommen still geworden war, nahm er langsam die Tanpura von seiner Schulter, ließ sich in einer fließenden Bewegung auf den Boden nieder und spielte drei Töne. Drei Töne nur – doch sie trafen Majandra mitten ins Herz. Mit großen Augen sah sie Amar an. Wer war dieser Mensch?

Leise spielte Amar dieselben Töne noch einmal und sprach dabei: »Majandra, dein Schweigen lehrt dich, deine Stimme zu ehren.«

Majandra sah den Fremden an. Nein – das war kein einfacher Musikant. Sie wusste mit einem Mal, dass dieser Amar sie wieder das Sprechen lehren würde.

Amar nickte, ganz so, als hätte er ihre Gedanken gehört. Dann sagte er: »Majandra, ich möchte dir eine kleine Geschichte erzählen. Hör gut zu.«

DER ZAUBERSPRUCH

Einst lebte ein über die Maßen reicher Maharaja in Jharkhand, der hatte alles, was man sich nur wünschen konnte. Doch der Maharaja wünschte sich kein Gold, keine Edelsteine, keine Prachtbauten, keine gewaltige Armee. Er wünschte sich nicht einmal Liebe. Und doch war er nicht betrübt und meist guter Dinge. Seine hervorragendste Eigenschaft war die Neu-

gier. Wäre seine Geduld seiner Wissbegierde gleichgekommen, wäre er wohl ein großer Weiser geworden. Doch an Geduld mangelte es dem Maharaja. Er wollte alles wissen, hörte viel, vergaß den größten Teil jedoch schon bald wieder.
Eine Sache aber faszinierte ihn seit jeher am allermeisten: die Kunst der Magie. Und so ließ er einen Zauberer nach dem anderen kommen und lernte die hundert Formen der Täuschung und allerlei Tricks der Taschenspielerei. Schon bald war er enttäuscht. Sicher – nun konnte er zwar so tun, als ob er zaubern könne. Aber das war ja auch nicht mehr, als ein Schneider oder ein Koch zustande brächten – auch sie konnten durch ihre Kunstfertigkeit zaubern: aus bloßem Tuch ein Kleid oder aus allen möglichen Zutaten ein Gericht. Das war wenigstens nützlich.
Nein, mit so etwas wollte der Maharaja sich nicht zufriedengeben. Er wollte richtig zaubern können! Sein größter Traum war es, sich in einen Adler zu verwandeln und über sein eigenes Land zu fliegen.

Am folgenden Tag betrat ein dunkel gekleideter Zauberer mit fremden Gesichtszügen den Palast, um den Maharaja zu sprechen. Er fiel auf die Knie und sprach mit quäkender Stimme: »Großer edler Herr, ich habe vernommen, Ihr würdet gern die Zauberkunst erlernen – nicht die albernen Handfertigkeiten der Taschenspieler, sondern wahre Zauberei.«
Der Maharaja wunderte sich ein wenig, wo der Zauberer das vernommen haben wollte, hatte er doch nie davon gesprochen, sondern es erst tags zuvor gedacht. »Du kannst mich lehren zu zaubern? Die wahre Magie?«, rief der Raja erfreut.
Der Zauberer verneigte sich tief. »Oh, edler Herr, nicht die ganze Kunst – das bedarf vieler, vieler Jahre des Studiums!«
Des Maharajas Miene verzog sich. Doch schon sprach der Zauberer weiter: »Wohl aber kann ich dir ein paar meiner Zau-

bersprüche beibringen. Etwas nicht allzu Schwieriges. Beispielsweise, wie du dich in einen Vogel, vielleicht einen Adler, verwandeln könntest.«

Der Maharaja lachte und klatschte vor Freude in die Hände. »Das ist ja großartig – genau diese Kunst wollte ich schon immer erlernen! Sag an: Was möchtest du für den Spruch haben?«

Der Zauberer verbeugte sich wieder tief. »Es ist eine Ehre für mich. Wenn Ihr mir ein Silberstück gebt, ist es mehr als genug!«

»Ach was!«, rief der Maharaja in seinem Übermut. »Wenn du mir wirklich zeigen kannst, wie ich mich in einen Adler verwandeln kann – dann sollst du mein Wesir werden!«

Der Zauberer zuckte nur mit den Schultern und lächelte ein geheimnisvolles, düsteres Lächeln.

Der Maharaja wurde schon ungeduldig. »Mein lieber Wesir«, sprach er den Zauberer an, »wann kannst du mit dem Unterricht anfangen?«

»Oh, sofort! Es bedarf auch keines langen Unterrichts. Seht her: Haltet so die Finger überkreuz, beschreibt mit den gekreuzten Fingern in jede Himmelsrichtung einen großen Kreis und sprecht dann dreimal mit vernehmlicher Stimme: Kukabur! Und sogleich werdet ihr ein Adler sein.«

Das ließ sich der Maharaja nicht zweimal sagen. Er kreuzte die Finger, wie es ihm der Zauberer gezeigt hatte – und siehe da: Er ward im Nu ein Adler! In ihm wallte eine große Freude auf. Er schlug probeweise mit den Flügeln und flog, noch etwas unbeholfen, durchs Zimmer, dann aus dem Fenster und über sein Land, ganz so wie er es sich immer erträumt hatte.

Als es dunkel wurde, flog er wieder in seinen Palast.

Der Zauberer, der in Wahrheit ein böser Asura war, hatte sich schon längst in Rauch aufgelöst und war nach Hause, ins

Reich der Asuras geflogen, wo er bei den anderen Dämonen mit seinem gelungenen Streich prahlte.
Der Maharaja aber war und blieb ein Tier. Fortan schrie traurig ein Adler vom Dache des Palastes, bis der nächste Maharaja einzog und seinen besten Schützen den Adler herabschießen ließ. Das Tier wurde verbrannt, und die Menschen wunderten sich noch eine Weile über das plötzliche Verschwinden des alten Maharajas. Doch schon bald hatten sie ihn ganz vergessen.

»Ich will kein Tier sein«, flüsterte die Prinzessin. Und zum ersten Mal seit langer Zeit hatte sie wieder gesprochen, und ihre Augen füllten sich mit Tränen. Amar schwieg und sah die weinende Majandra voller Mitgefühl an. Schließlich nahm er seine Laute und ließ ein paar Töne erklingen. »Lass uns ein wenig Musik spielen!«, sagte er sanft.
Majandra hörte auf zu weinen, denn ihr Herz erblühte beim Klang der Saiten vor Glück. Doch auf einen Schlag erstarrte sie und schaute Amar voller Schrecken an: »Oh weh! Aber Vater hat es doch verboten ...«
Amar lachte. »Du wirst deinen Vater lehren, welche Kraft die Musik hat.«
Majandra verstand nicht. Aber Amar zog eine Bansuri-Flöte aus seinem Beutel und reichte sie ihr. Er fing an, auf der Laute zu spielen, und nach kurzem Zögern hob die Prinzessin die Flöte an die Lippen und fiel in die Melodie ein. So erklang seit langer Zeit wieder Musik im Palast.
Majandra war so glücklich wie lange nicht mehr. Die ganze Anspannung der letzten Wochen brach sich Bahn, und schließlich musste sie laut lachen. Amar lächelte und sprach: »Das ist die Macht der Musik.«
»Welche Macht?«, fragte die Prinzessin.

»Die Macht, Herzen zu bewegen, die Macht, den Verstand zu klären, die Macht, die Mächtigen zu beherrschen«, antwortete Amar. »Ein Elefant kann dich weit tragen, doch Musik kann dich zu den Sternen heben.«

»Zu dem blauen Stern auf deinem Beutel?« Majandra fuhr sanft mit den Fingern über die Stickerei. »Er sieht wie eine Lotosblüte aus.«

»Ja – das stimmt. Es ist der sechzehnblättrige Lotos, der dich an deine tiefe Verbindung zu allen Wesen erinnern soll – und an die sechzehn Wege: die Stimme, die Worte, die Laute, der Klang, der Gesang, die Blicke, das Lachen, das Lächeln, die Haltung, die Bewegung, die Gesten, die Musik, die Augen, der Gesichtsausdruck, die Herzkraft und die Gedankenkraft. Mithilfe dieser Wege erlangst du Zutritt zu den Herzen und dem Geist aller Menschen.«

Majandra wirkte verzweifelt. »Das alles willst du mir lehren? Es ist so viel. Ob ich es je lernen kann, alle diese Wege zu gehen?«

Amar nickte. »Ja, Majandra, das kannst du. Schon sehr bald wirst du die Macht des sechzehnblättrigen Lotos in dir fühlen, denn du trägst sie bereits in dir. Der sechzehnblättrige Lotos erblüht in deiner Kehle. Nun, da du die Sprache wiedergefunden hast, wirst du spüren, wie seine Macht dich durchdringt.«

Majandra senkte traurig den Kopf. »Meister Amar, du hast mir die Sprache wiedergegeben. Nun bin ich bereit, vor meinem Vater zu sprechen – und du wirst die versprochene Belohnung erhalten. Wer aber wird mir die sechzehn Wege zeigen, wenn du fortgegangen bist?«

Amar lachte. »Was bedeutet mir Gold? Und was soll ich mit Elefanten und Bediensteten anfangen? Keine Sorge, Majandra. Ohnehin sind wir noch gar nicht fertig – und das ist gut. Zwei ganze Tage bleiben uns. Würdest du jetzt schon zu deinem Vater gehen, würde er sich zwar zweifellos freuen, doch was wäre dann mit deiner Mutter? Was mit der Musik im Palast? Was mit der Wut und Trauer deines Vaters? Und was wäre mit deiner Seele?«

Die Prinzessin war verwirrt. Schließlich erwiderte sie ein wenig trotzig: »Wenn ich mit meinem Vater spreche, werde ich mich einfach verstellen, damit ich seine Anerkennung erhalte. Und dann wird es mir schon gelingen, ihn zu überreden, Mutter freizulassen und wieder Musik am Hof zu erlauben!«
»Majandra, jeder Mensch wünscht sich Anerkennung. Doch solange du dich verstellst, wirst du niemals Anerkennung für die Majandra bekommen, die du wirklich bist.«
Die Prinzessin senkte beschämt den Kopf. »Ja, Meister Amar, das verstehe ich. Wie aber sollte ich Vater überzeugen können, ohne mich zu verstellen? Er wird gewiss wütend, wenn ich von meiner Mutter spreche. Und nie und nimmer wird er seinen Befehl widerrufen, keine Musik und keine Instrumente im Palast zuzulassen. In nur zwei Tagen die Kunst zu erlernen, die Ihr mir lehren wollt – ist das nicht ganz und gar unmöglich?«
Amar schüttelte ernst den Kopf. »Nicht so, Majandra. Du hast noch nicht ganz verstanden, was es heißt, die Macht der Verbindung zu nutzen.«
»Wirst du es mir zeigen, Meister?«, fragte die Prinzessin.
»Das will ich«, antwortete Amar. »Das Geheimnis der Verbindung liegt nicht in der Art, wie du dich ausdrückst – nicht darin, ob du sprichst, singst oder etwas zeigst.«
»Du meinst, das Geheimnis liegt weder in den Worten, noch in der Musik oder in Gesten? Willst du mich etwa Zauberkünste lehren?« Majandras Augen leuchteten auf.
Amar lachte. »Das ist nicht nötig. Du musst nur eines wissen und verstehen: Nicht das, was du sagen willst, ist von Bedeutung, sondern das, was der andere hört.«
»Aber er hört doch, was ich sage! Wie sollte das, was ich sage, verschieden von dem sein, was jemand hört?«
Amar lächelte, und seine klaren Augen drangen tief in Majandras Seele. »Erinnere dich: Du bist doch sicher am Hofe deines Vaters schon einigen Menschen aus fremden Ländern begegnet.«

Majandra nickte eifrig. Ja, sie hatte Menschen aus dem Osten, aus dem fernen China gesehen, die seltsam flache Gesichter und lange Zöpfe hatten, und solche, die aus dem weit entfernten Westen kamen, wo die Menschen ganz bleich waren und rote Haare hatten.

»Dann weißt du ja auch, dass diese Besucher erst unsere Sprache lernen mussten, denn wenn sie ihre Sprache sprechen, versteht sie sonst keiner.«

Wiederum nickte die Prinzessin. Sie hatte einen chinesischen Kaufmann, der an den Hof des Maharajas gekommen war, sprechen hören. Es klang seltsam, und sie hatte kein Wort verstanden.

»Und siehe, Majandra, dass es mit allen Menschen so ist: Jeder von ihnen spricht seine eigene Sprache. Bei den Chinesen hast du nichts verstanden und wusstest, dass du nichts verstehst. Doch bei den Menschen, die du kennst, glaubst du, du könntest sie ganz leicht verstehen, nur weil sie deine Sprache sprechen. Und dennoch ist es oft so, dass du nicht begreifst, was sie wirklich meinen – aber du merkst das gar nicht.«

Majandra schwieg eine Weile und dachte angestrengt nach. »Wie kann das sein, Amar? Wir sprechen doch miteinander und verstehen, was wir sagen.«

»Wir glauben, dass es so ist. Doch bleibt es immer ein Ratespiel. Oft raten wir richtig. Aber mitunter raten wir falsch, und dann kommt es zu Missverständnis und Streit.«

Majandra wurde ganz still. Je länger sie schwieg, desto trauriger schien sie zu werden. Schließlich blickte Sie Amar an und fragte: »So können wir einander also nie wirklich verstehen? Können wir nie jemandem wirklich unsere Gedanken und Gefühle mitteilen?«

Amar legte ihr die Hand auf den Arm. »Oh doch. Nur müssen wir uns dazu erst ein wenig von unserem Selbst befreien. Wir dürfen nicht nur mit dem Verstand und dem Mund, sondern müssen mit dem Herzen sprechen!«

Ihre Augen leuchteten auf. »Und mit Musik ist das leichter als mit Worten!« Majandra sah Amar fragend an. »Ist es das, was du mir sagen willst?«
»Sicher – mit Musik wird es leichter, Seelen zu verbinden. Doch im Grunde ist es ganz gleich, ob wir mit Tönen, Gesten oder der Stimme sprechen: Solange wir nur ganz und gar zu den anderen sprechen, statt nur mit uns selbst zu sprechen, werden die anderen auch hören, was wir ihnen wirklich mitteilen wollen. Sich vom Selbst befreien, während wir ganz wir selbst bleiben – das ist es, worin die Kunst liegt.«
Majandra senkte den Kopf. »Das ist schwierig, Meister.«
Amar lachte. »Oh nein! Das ist es gar nicht! Es ist sogar sehr einfach. Denn was ist wohl leichter: einen Eimer Wasser zu tragen oder ihn abzusetzen? Loslassen ist immer leicht. Nur der Gedanke an das Loslassen fällt uns manchmal sehr schwer.«
»Das verstehe ich nicht. Wie meinst du das?«
Amar rief nach einem Bediensteten und ließ einen kleinen, bis zum Rand gefüllten Eimer Wasser bringen. »Majandra, ich habe eine kleine Aufgabe für dich. Hebe den Eimer hoch und dreh dich damit im Kreis – aber verschütte das Wasser dabei nicht!«
Majandra stand auf, nahm den Eimer und fing an, sich um sich selbst zu drehen. Der Eimer hing nun seitlich in der Luft, doch durch die Drehung blieb das Wasser im Eimer. Majandra drehte sich immer schneller. Sie jauchzte. »Das macht Spaß!«
»Und jetzt: Lass den Eimer los!«
Majandra zögerte zunächst, tat dann aber, was Amur ihr aufgetragen hatte. Sie ließ den Eimer los, der daraufhin quer durchs Zimmer flog und mit einem lauten Krachen auf dem Boden landete. Das Wasser floss über den Teppich und zum Glück, dachte Majandra, war es nur Wasser.
Amar lachte. »Ich sagte, du sollst nichts verschütten!«
Halb belustigt, halb empört sah Majandra ihn an. »Aber das war doch unmöglich!«

»Probiere es noch einmal!«

Majandra verdrehte die Augen. Dann aber ließ sie den Eimer erneut füllen, nahm den Henkel in die Hände und begann erneut, sich im Kreis zu drehen.

»Sehr gut, Majandra. Du bist ja ein richtiger Wirbelwind. Doch jetzt hör wieder langsam auf dich zu drehen, und wenn du ganz still stehst, lass den Eimer los.«

Majandra hörte auf, sich im Kreis zu drehen, und stellte den Eimer vorsichtig hin. Sie lachte. »Ja, so ist es einfach!«

»In der Tat!«, sagte Amar. »Wenn du loslassen willst, musst du nur zuvor zur Ruhe kommen, danach ist es leicht.«

Langsam breitete sich ein Lächeln auf Majandras Gesicht aus. »Ich glaube, ich beginne, zu verstehen. Wenn ich spreche, ist es wichtiger, darauf zu achten, was der andere hört, als auf meine eigenen Worte. Und dazu muss ich nur erst einmal zur Ruhe kommen.«

Amar nickte. »Ganz genau. Du hast es erkannt, Majandra. Verstehe nun auch dies: Hüte deine Worte gut. Schicke nicht jedes Wort in die Welt hinaus.«

Majandra runzelte die Stirn. »Aber wozu sollte das gut sein? Das verstehe ich nicht ganz.«

»Ich werde dir eine kleine Geschichte erzählen, Majandra. Hör gut zu, dann wirst du sicher erkennen, was ich meine.« Und Amar begann zu erzählen:

DIE PUSTEBLUME

In einem kleinen Dorf lebte einst eine Frau namens Kala Kilamurti, die wünschte sich, endlich einen guten Mann zu haben. Sie hatte ein wenig Geld, sie hatte das kleine Haus ihrer Eltern geerbt, sie war noch immer eher jung als alt, und

wenn sie auch keine Schönheit war, so war sie doch auch keineswegs hässlich.
Nichts liebte Kala Kilamurti mehr, als den Dorftratsch. Sie hörte gern kleine Geheimnisse und erzählte sie noch lieber weiter. Niemand im Dorf konnte ausdauernder reden als Kala. Und doch hatte sie bislang keiner zur Frau haben wollen. Kala aber wünschte sich so sehr einen Mann und Kinder zu haben, dass sie den Beschluss fasste, den alten Zauberer aufzusuchen, von dem es hieß, dass er in einer kargen Höhle weit oben auf dem Berg wohnte.
Kala stieg auf den Berg, fand die Höhle und trug ihren Wunsch dem Zauberer vor. Der alte Zauberer war freundlicher, als sie es erwartet hatte. Er lächelte sie an und sprach: »Deinen Wunsch, Kala, kann ich dir wohl erfüllen. Du musst nur drei kleine Aufgaben erfüllen.«
Nur zu gern willigte Kala ein.
»Deine erste Aufgabe ist die: Geh, und suche eine Pusteblume!«
Das war leicht! Überall auf der Wiese vor der Höhle fanden sich Pusteblumen. Sie suchte eine aus und brachte sie dem Zauberer.
»Sehr gut, Kala! Die erste Aufgabe hast du erfüllt. Nun deine zweite Aufgabe: Blase alle Samen der Blume fort, sodass kein einziger mehr auf dem Stängel ist.«
Das war leicht! Kala blies zweimal kräftig, und die flauschigen Schirmchen, die die Samen trugen, schwebten in alle Richtungen fort.
»Auch das ist dir gut gelungen. Nun die dritte Aufgabe: Sammle alle Samen, die du fortgeblasen hast, wieder ein.«
Kala Kilamurti wurde bleich. »Aber das ist unmöglich.«
»So aber machst du es doch mit deinen Worten: Du bläst sie achtlos in den Wind, sie fliegen in alle Richtungen. Manche fallen auf fruchtbaren Boden und keimen. Doch was aus

ihnen wird, weißt du nicht, und zurückholen kannst du sie nie mehr!«

Der Zauberer sah Kala ernst an. Sie verneigte sich kurz und rannte davon. Als sie abends im Bett lag, dachte sie lange darüber nach und verstand immer mehr, was der Zauberer gemeint hatte. In Zukunft würde sie ihre Worte nicht mehr achtlos in alle Winde zerstreuen.

Ein wenig wunderten sich die anderen Dorfbewohner, dass Kala Kilamurti nicht mehr so viel plapperte. Doch die allermeisten fanden nichts Schlechtes darin. Und kaum war ein Jahr vergangen, kam ein neuer Schmied ins Dorf und nahm Kala, die Besonnene, zur Frau.

Majandra lachte und klatschte in die Hände. Dann wurde sie plötzlich ernst. »Du wolltest mir mit dieser Geschichte zeigen, wie wichtig es ist, seine Worte besonnen zu wählen.«

Amar nickte anerkennend. »Besonnenheit, Wahrheit, Güte – das sind die drei Pfeiler, die den inneren Tempel tragen. Ob du sprichst, singst, Flöte oder Laute spielst oder dich bewegst: Halte an diesen dreien fest und lass das Unwesentliche los.«

Drei Tage blieb Amar bei Majandra.
Am ersten Tag lernte sie zu sprechen.
Am zweiten Tag lernte sie gut zu sprechen.
Am dritten Tag aber erlernte sie die Kunst der Stille.

Der Raja hatte die drei Tage ungeduldig abgewartet und den Scharfrichter vorsorglich angewiesen, seine Messer und sein Beil zu schleifen. Als Amar und Majandra vor ihn traten, sah er auf sie, wie auf zwei ekelhafte Käfer. »Nun?«, donnerte er und erwartete, dass der Musikant auf die Knie fallen und um Gnade betteln und seine Tochter heulen würde.

Doch Amar lächelte den Raja freundlich an, während Majandra vortrat und mit klarer Stimme sprach: »Lieber Vater, Meister Amar hat mir die Sprache wiedergegeben. Es tut mir leid, dass ich dir so viel Kummer bereitet habe.« Sie trat vor und umarmte ihren Vater, der nun statt ihrer Tränen in den Augen hatte.
Der Raja wandte sich an Amar. »Du hast mir mehr gegeben, als ich dir geben kann. Doch du sollst nicht nur die versprochene Belohnung erhalten. Ich werde dich zum Großwesir …«
»Haltet ein, mein Gebieter!«, rief Amar vergnügt und sah den Raja, der seine Tochter im Arm hielt, strahlend an. »Ihr seid mir nichts schuldig. Und ich bedarf weder Gold, noch Elefanten, noch Diener. Doch wenn Ihr mir eine Freude machen wollt, so lasst die Musik wieder in Euren Hof einkehren. Es wird zu Eurem Guten sein.« Er verbeugte sich, drehte sich um und ging davon. Der Raja sah ihm sprachlos hinterher. Er wollte ihn zurückrufen, doch die Stimme versagte ihm.

Merkwürdigerweise fiel es dem Raja gar nicht schwer, seinen Palast wieder für die Musik zu öffnen. Majandra, die nun regelmäßig für ihn spielte, holte nach und nach immer mehr Musiker an ihre Seite, und die Klänge der Sitars, Tablas, Tanpuras und Bansuri-Flöten, die aus den Palastfenstern drangen, waren noch bis weit in die Stadt zu hören und erfreuten die Herzen der Menschen.
Majandra wusste nun um die Macht der Worte und die Macht der Musik – und ganz gleich, ob sie mit jemandem sprach oder ein Musikinstrument zum Erklingen brachte: Stets achtete sie darauf, besonnen und gesammelt zu sein, der Wahrheit treu zu bleiben und voller Güte zu handeln.
Viele Jahre später – schon lange hatte der Raja seiner untreuen Frau Jasleen vergeben und war ein großer Förderer der Musik im Land geworden – wurde Majandra die Herrin des Landes und erhielt von ihren Untertanen den Namen »Majandra, die Weise«.

Savitri und das Kind

1 Die Zauberin im Wald

In den Bergen, tief im Wald, lebte Anila in einer Höhle. Doch niemand kannte ihren Namen, ja, sie selbst hatte ihn fast vergessen. Die Menschen in der Gegend nannten sie nur »die Zauberin vom Berg«, denn die meisten hielten sie für eine heilkundige Zauberin. Andere meinten dagegen, sie sei nicht ganz richtig im Kopf. Aber auch sie wussten, dass diese seltsame Einsiedlerin schon viele von schweren Krankheiten geheilt hatte. Und so war sie, wenn auch nicht geliebt, so doch überall geduldet und wurde von manchen gar verehrt.

Nur selten ließ Anila sich in der Stadt am Fuße des Berges sehen; sie kam vielleicht einmal im Monat, um Kräutermischungen und Heiltränke zu verkaufen und Schalen, Messer und andere Dinge, die sie nicht selbst herstellen konnte, zu besorgen. Wenn sie durch die Stadt lief, sahen ihr die Männer nach, und Begehren rührte sich in ihren Lenden, denn obwohl Anila in einer Höhle im Wald lebte und einen schmucklosen, braunen Umhang trug, war sie doch eine Schönheit. Nicht nur ihr Gesicht, auch ihre Haltung und ihr würdevoller Gang ließen sie wie eine Rajni erscheinen. Doch die Wildheit in ihrem Blick, ihre verwirrende Rede und die vielen unheimlichen Gerüchte, die es über sie gab, hielten auch die mutigsten Männer davon ab, sich ihr zu nähern. Anila war einfach so anders als alle anderen Menschen, und so wagte niemand, sich mit ihr anzufreunden.

Keiner wusste, woher sie gekommen war oder wie lange sie schon auf dem Berg lebte. Und da das niemand mit Sicherheit sagen konnte, gab es umso mehr Vorstellungen, Gerüchte und Meinungen. Es hieß, sie sei wohl eine Tochter Ganeshas, die schon seit vielen hundert Jahren in der Höhle lebte. Manche

flüsterten, sie sei eine mächtige Zauberin oder gar eine Asura, die Menschengestalt angenommen hatte. Einige glaubten, dass sie die verstoßene Tochter eines Maharajas sei. Aber niemand konnte auch nur ansatzweise eine der wilden Vermutungen tatsächlich belegen.
Anila hatte weder Freunde noch Liebhaber, und so waren alle Stadtbewohner äußerst erstaunt, als sie eines Tages mit einem kleinen Kind an der Brust auf dem Marktplatz erschien. Wie überall auf der Welt, so gab es auch in dieser Stadt Menschen, die immer das Übelste annahmen, sich gern das Maul zerrissen und Gerüchte verbreiteten – und einige dieser Menschen argwöhnten, dass die Zauberin das Kind gestohlen habe, vielleicht, um es später zu töten und ihren Tränken beizumischen. Doch jeder, der das Kind auch nur einmal sah, schenkte diesem bösen Gerücht keinen Glauben, da das kleine Mädchen seiner Mutter wie aus dem Gesicht geschnitten war.

So also wuchs die kleine Savitri mit ihrer Mutter in der Höhle im Wald auf dem Berg über der Stadt auf – und niemand außer Anila wusste, wer des Kindes Vater war.
Das Mädchen gedieh indes wunderbar, war fröhlich und klug; und noch bevor sie laufen konnte, kannte sie schon die meisten Tiere, Mineralien und Heilpflanzen und wie diese dabei helfen konnten, die Gesundheit zu erhalten oder wiederherzustellen. Doch ihre Mutter lehrte sie auch alles über Geister, Götter, Asuras und Devas; sie lernte Rituale und Beschwörungen und das zu sehen, was nicht da war. Oft redete ihre Mutter unverständliches Zeug, war verwirrt und manchmal grunzte, quiekte oder heulte sie wie ein Tier. Für Savitri aber war all das ganz gewöhnlich, und sie dachte sich nichts dabei. Und so war es kein Wunder, dass das Mädchen zwar über viele Einsichten und großes Wissen verfügte, aber auch von abergläubischen Ängsten und unheimlichen Wahnvorstellungen geplagt wurde.

Savitri wurde zur jungen Frau; und dies ließ ihre Verwirrung nur stärker werden, zumal ihre Mutter, die immer mehr in ihrer eigenen Welt der unsichtbaren Geister und Dämonen lebte, kaum noch ansprechbar war. Und doch liebte Savitri ihre Mutter, den einzigen Menschen, den sie kannte, über alles und vertraute allem, was sie sagte.

Eines Tages jedoch sprach Savitris Mutter Anila von Adlergeistern, mächtigen Geistwesen, mit denen sie sich befreundet hätte, und die sie nun die Kunst des Fluges lehren wollten. Savitri ahnte Schlimmes und sah ihre geliebte Mutter mit angstvollen Augen an. Anila jedoch schien durch ihre Tochter hindurchzuschauen, war ihr Blick doch auf eine Welt weit jenseits dieser Welt gerichtet.

Sei es nun, dass die Adlergeister boshaft waren, dass Anila eine schlechte Schülerin war oder dass es nur Wahngebilde waren, denen sie folgte: Als Anila von einer Klippe sprang, um sich adlergleich in die Lüfte zu erheben, stürzte sie sogleich senkrecht in die Tiefe, bevor sie auf den Felsen zerschmetterte und starb.

Savitri trauerte um ihre Mutter, wie nur ein Mensch trauern kann, der alles, was er geliebt hat, verloren hat. Doch sie lebte weiter in der Höhle, sammelte Kräuter und bereitete Heiltränke zu. Nun war sie also die Zauberin vom Berg geworden. Für die Menschen war es, als hätte sich die alte Zauberin einfach verjüngt – und genau das glaubten auch viele, die aus der Stadt zu ihr kamen. Savitris Heilkunst glich der ihrer Mutter, vielleicht war sie ihr sogar überlegen. Sie war so schön, wie es ihre Mutter gewesen war, doch war sie nicht ganz so unnahbar. Wann immer sie ihren Berg verlassen und hinunter in die Stadt gehen musste, gefiel es ihr, Menschen kennenzulernen, mit ihnen zu sprechen und ihnen mit ihrer Heilkunst zu helfen. Die neue Zauberin vom Berg kam daher sehr viel öfter in die Stadt als ihre Mutter, wo sie von allen verehrt und von vielen reich beschenkt wurde.

So viel Savitri auch über Heilkräuter und die Natur wusste, so wenig wusste sie über sich selbst. Weder wusste sie, woher sie kam, noch, wie andere Menschen lebten, und auch von der Welt wusste sie wenig. Sie führte die Rituale aus, die ihre Mutter sie gelehrt hatte, sah in jedem Windstoß die Botschaft von Geistern, Asuras und Devas. Manchmal waren es gute, inspirierende Botschaften, oft aber waren sie auch unheimlich und grauenvoll und machten Savitri Angst.

Immer mehr Menschen kamen zu ihr. Selbst jene Kranken, die die Ärzte bereits aufgegeben hatten, vermochte sie zu heilen. Und ebenso wie ihre Mutter, ja mehr noch als sie, zog sie die Blicke der Männer auf sich, die sie begehrten. Doch Savitri war nun einmal eine Einsiedlerin, die in einer Höhle lebte und im Ruf stand, eine geheimnisvolle Zauberin zu sein. So sehnsüchtig viele junge Männer auch an sie dachten – keiner wagte es, sich ihr wirklich zu nähern.

Anders war es mit den Frauen. Savitri war nicht so abweisend, wie es ihre Mutter gewesen war. Sie führte auch weniger unverständliche Reden. Und so kamen junge und alte Frauen häufig zu ihr, um von ihr zu lernen. Dann und wann bat ein Mädchen gar darum, dass Savitri sie als Schülerin aufnehmen möge. Savitri lächelte dann nur, schien in den Wind und den Wald zu horchen und schüttelte schließlich bestimmt den Kopf. Dennoch gab es ein paar wenige, die Savitri näherkamen und sie mit der Zeit fast wie eine Freundin behandelten. Sie besuchten Savitri regelmäßig, tranken Tee und lachten mit ihr. Manchmal überlegte Savitri gar, hinunter, in die Stadt zu ziehen. Doch immer, wenn sie darüber nachsann, fühlte sie Angst, und sie spürte, wie Asuras und andere Geistwesen sich regten.

Kamala, eine der Frauen, die Savitri verehrten, kam eines Tages ganz aufgeregt zu ihr. »Stell dir vor, was geschehen ist!«, rief Kamala. »Die Tochter des Rajas Naresh ist plötzlich stumm geworden und kann kein Wort mehr sprechen. Der Raja hat eine hohe Belohnung für denjenigen ausgesetzt, der sie heilen kann. Bestimmt würde es dir gelingen!«

Savitri hatte aufmerksam zugehört. Dann, wie es ihre Art war, legte sie den Kopf schief und lauschte dem Wind und dem Wald. Schließlich schüttelte sie, ohne ein Wort zu sagen, den Kopf.

»Aber Savitri, der Raja hat eine hohe Belohnung ausgesetzt! Drei Elefanten soll der erhalten, der das Kind heilt. Und die Elefanten sollen mit Gold beladen und von Bediensteten geführt werden ... Du wärst unermesslich reich!«

Savitri lachte so laut, dass es von den Bergen widerhallte. »Was soll ich denn mit Gold und Elefanten? Oder gar Bediensteten?«

Ihre Besucherin ging wieder, kopfschüttelnd. Sie verstand nicht, wie man kein Gold, keine Bediensteten, keine Elefanten haben wollte. Nun, das war eben Savitri – vielleicht war sie heilig, vielleicht verrückt, wer wusste das schon?

In den folgenden Tagen kamen immer wieder Frauen, die ihr von den seltsamen Ereignissen an des Rajas Hof berichteten. Savitri hörte diese Dinge, wie Märchen aus einem fremden Land. Eines Tages aber besuchte Kamala Savitri; und wenn jemand als ihre wirkliche Freundin gelten konnte, dann sie. Kamala weinte und war verzweifelt. Man hatte ihr ihre Santur genommen und verboten, Musik zu spielen. Sie erzählte unter Tränen, wie sich die Stadt verändert hatte, seit der Raja die Musik verboten hatte. »Bitte, Savitri, hilf doch dem armen Kind! Hilf dem Raja und hilf uns allen!«

Zum ersten Mal begriff Savitri, dass in der Stadt etwas wahrhaft Schlimmes vor sich ging. Sie lauschte dem Wind und dem Wald, und als ein Windstoß kam und an den Bäumen rüttelte, war sie sich sicher, dass die Geister ihr ein Zeichen gegeben hatten.

»Nun gut, Kamala. Ich werde die Prinzessin besuchen. Doch du musst mich zum Palast begleiten.«

Kamala stimmte dem nur zu gern zu. Savitri packte Kräuter und Elixiere in einen Beutel und machte sich zusammen mit Kamala auf den Weg zum Raja. Sie würde seine Tochter von der Stummheit heilen und die Musik wieder zum Leben erwecken.

2 Verzweiflung

Als sie am Hofe des Rajas Naresh angelangten, waren dort schon viele andere, die sich vorgenommen hatten, Majandra zu heilen und die Belohnung zu erhalten. Savitri sah diese angeblichen Heiler erstaunt an – mit nur einem Blick erkannte sie, dass sich keiner von ihnen auf die Kunst der Heilung verstand. Fast alle waren unfähige Scharlatane, das sah sie in ihren Gesichtern und hörte es in ihren Worten. Und so bestand für Savitri kein Zweifel daran, dass von diesen Menschen keine Heilung zu erwarten war. Doch sie schwieg und wartete. Der Wesir des Rajas kam zu ihr und gab ihr eine Tafel mit der Zahl 27 darauf. »Dein Name!«, sagte er barsch und sah sie missbilligend an. Als kluger Mann hatte er längst erkannt, dass von jenen, die gekommen waren, um Majandra von ihrer Stummheit zu heilen, die meisten nur Glücksritter waren, die einzig auf die Belohnung aus waren und hofften, das Kind nur irgendwie zum Sprechen zu bringen. Und jetzt auch noch eine Frau … Doch in ihren Augen lag etwas, das den Wesir milder stimmte. Vielleicht war sie ja eine Ausnahme. »Es sind noch sechsundzwanzig andere, die ihre Künste an dem stummen Kind erproben dürfen, bevor du an der Reihe bist«, sagte er in deutlich freundlicherem Ton. »Ich werde dir Tee und Früchte bringen lassen, während du wartest.«
Beinahe wäre Savitri wieder gegangen, doch Kamala flehte sie an, zu bleiben. Und so wartete sie geduldig.

Schließlich war sie an der Reihe und wurde zu Majandra geführt. Savitri sah sie eine Weile schweigend an. So lange, dass die Prinzessin offensichtlich unruhig wurde.
»Willst du sprechen?«, fragte Savitri und sah Majandra tief in die Augen.
Die nickte heftig und Savitri erkannte, dass das Kind nicht aus Trotz schwieg. Auch erkannte sie, dass kein böser Geist von ihr Besitz genommen hatte. Dann bat sie das Mädchen, sich hinzulegen und tastete ihren Hals, ihr Herz und ihren Bauch ab.
Savitri war sich sicher, Majandra heilen zu können. Sie öffnete ihren Beutel und holte einige Kräuter und Fläschchen heraus.
»Ich glaube, deine Stimme ist noch da – sie wird nur aufgehalten, weil etwas Übles geschehen ist, das deine Feuer- und Luftkraft eingeschlossen hat…«
Majandra sah sie mit hellen, wachen Augen an. Das war gut – das Kind war wissbegierig und aufmerksam.
»Gibt es etwas Schlimmes, das dir widerfahren ist?«, fragte Savitri. Majandra nickte. Tränen traten in ihre Augen. Savitri strich ihr sanft über den Kopf. Dann zerrieb sie einige der Kräuter, gab ein paar Tropfen einer bitter riechenden Essenz hinzu, füllte dann die Schale mit Wasser und reichte sie Majandra. Die sah die Schale misstrauisch an, roch an der Mischung und verzog das Gesicht.
»Es riecht zuerst nicht allzu gut«, sagte Savitri sanft. »Ich weiß. Trinke es noch nicht, rieche noch ein paarmal daran; so lange, bis du merkst, dass es nach Klarheit und Weite duftet.«
Majandra sah Savitri verwundert an. Es klang zu seltsam, was diese Heilerin sprach – war sie vielleicht verrückt? Dennoch tat Majandra schließlich, wie ihr geheißen. Mit jedem Schluck fühlte sie die Worte in sich aufsteigen, und mit einem Mal schien es ihr, als könne sie wieder sprechen. Ihre Kehle bewegte sich – doch kein Wort kam heraus. Verzweifelt versuchte sie es wieder und wieder, doch die Sprache wollte nicht zurückkommen.

Auch Savitri war verzweifelt. Niemals zuvor war ihr eine Heilung misslungen. Sie verstand es nicht. Was hatte sie nur falsch gemacht? In ihrem Kopf geriet alles durcheinander. Sie glaubte, Dämonen und Asuras zu sehen, die im Zimmer umherflogen und Majandras Kehle zuschnürten. Sie schrie auf, besann sich auf Abwehrrituale, die sie von ihrer Mutter gelernt hatte, und rief Beschwörungsformeln, doch die bedrohlichen Asuras drangen immer mächtiger auf sie ein, sodass sie fast das Bewusstsein verlor.
Savitri schrie laut auf und floh aus dem Zimmer, aus dem Palast, hinauf in den Bergwald zu ihrer Höhle. Sie lief, so schnell sie konnte, verfolgt von höhnischen Stimmen in ihrem Kopf. Wie ein gehetztes Tier rannte sie durch den Wald. Immer wieder stolperte sie, Äste schlugen ihr ins Gesicht und zerrissen ihr Gewand. Auf einmal jedoch öffnete sich der Wald zu einer Lichtung und inmitten der Lichtung, auf einem Felsen saß ein Kind, das mit einem Ball, mit einem seltsamen zweifarbigen Muster, spielte.

3 Die Heilerin

Auf einen Schlag kamen Savitris verwirrte Gedanken zur Ruhe. Sie starrte das Kind staunend an. Was tat es nur hier ganz allein im Wald? Und was war das für ein Ball? Seine Farben zogen Savitri magisch an. Das Kind blickte sie furchtlos an und lächelte. Savitri begann, an ihrem Verstand zu zweifeln. Träumte sie? War dieses Kind wirklich? Oder war es eine Illusion? Savitri war seit jeher mit ungewöhnlichen Wahrnehmungen vertraut, aber diesmal war sie verunsichert. War das Kind wirklich? Ja – jetzt erkannte sie es: Das Kind war tatsächlich ein echtes Kind und keine Einbildung. Gleichzeitig aber sah sie in ihm einen alten Mann und eine junge Frau und rieb sich die Augen.

»Bist du ein Asura?«, fragte sie. Sie erwartete keine Antwort, doch das Kind lachte und sagte: »Nein, Savitri, ich bin ein Mensch wie du.«
Sie trat näher. »Was tust du hier?«
»Ich warte auf dich«, sagte das Kind. »Du kannst mich Amal nennen. Bitte setz dich doch und erzähle mir von dir.«
Savitri zögerte zunächst, doch dann setzte sie sich und fühlte mit einem Mal, wie ihr Herz sich weit öffnete. Und Savitri begann zu erzählen: von ihrer Mutter, vom Leben in der Höhle, von ihren Visionen und Ängsten, von der Tochter des Rajas und wie sie bei der Heilung kläglich versagt hatte und fortgelaufen war.
Der kleine Amal hörte aufmerksam zu. Als Savitri ihre Erzählung beendet hatte, nickte er verständnisvoll und sprach: »Du bist wie mein Ball, Savitri. Nur drehst du dich zu schnell …«
Der Junge berührte den Ball, der immer schneller herumwirbelte; das Muster auf ihm verschwand und es flackerte in wirren, wechselnden Farben. Savitri starrte wie hypnotisiert auf die sich drehende Kugel.
»In deiner Seele«, sprach Amal, »ja, in jeder Seele, lebt eine dunkle und eine helle Kraft. Die dunkle Kraft ist voller Traumbilder, sie sieht das Unsichtbare, sie ist voll Angst und Gewalt. Die helle Kraft ist voller Liebe und Klarheit, sie reinigt und erkennt das, was da ist, sie ist Friede und Heiterkeit. Die beiden, die dunkle und die helle Kraft kreisen umeinander, sie ergänzen einander und ringen miteinander.«
Savitri hörte mit ganzem Herzen zu. Die Stimme des Kindes schien die ganze Welt zu erfüllen. Ja, sie kannte diese beiden Kräfte gut. Auch in ihr kämpften sie miteinander und verwirrten sie. »Aber welche der beiden wird gewinnen?«, fragte sie.
Das Kind lächelte wieder sein strahlendes Lächeln. »Keine kann gewinnen, denn sie bedingen sich gegenseitig.« Amal berührte den Ball wieder, und er stand still. Savitri konnte das Muster auf ihm nun klar erkennen – zwei Flügel, die den Ball umschlan-

gen, der eine hell, der andere dunkel. »Du kannst die Kräfte nicht voneinander trennen, so wenig wie du eine Seite von einer Münze entfernen kannst. Nimmst du eines weg, verschwindet das andere. Nähmest du eine Seite des Balles fort, gäbe es keinen Ball mehr.«

Savitri begann zu verstehen, und es war ihr, als würde langsam ein Schleier vor ihren Augen weggezogen. Das Kind schien zu wachsen und sich zu verändern. Auf dem Stein saß nun auf einmal ein junger Mann, und auf seinem Gewand war eine dunkelblaue Lotosblüte mit nur zwei Blättern zu sehen. Savitri blickte auf die Blüte und ihr Geist klarte sich auf.

Amal sah ihren Blick und lächelte. »Das«, sagte er, »ist der zweiblättrige Lotos, der das Sein und das Nichtsein, das Dunkle und das Helle symbolisiert. Es ist beides da, beides im Grunde gleich. Du allein entscheidest, worauf du deinen Geist in dieser Welt richtest. Es kommt einzig darauf an, was du willst.«

Savitri senkte den Kopf und sagte leise: »Vielleicht weiß ich nicht, was ich will …«

Amal faltete die Hände, und es schien ihr fast, als würden seine Hände den beiden Blättern des Lotos gleichen. »Ja, vielleicht weißt du noch nicht, was du willst. Doch bald wirst du es wissen. Ich möchte dir eine kleine Geschichte erzählen …«

DER HIRTE UND DER DEVA

Nicht weit von hier lebte einst ein Schafhirte. Er war fleißig und hütete seine Herde gut, doch er wünschte sich sehr, es zu mehr zu bringen – aber was das genau sein sollte, das wusste er nicht. Als er eines Nachts unter einem Baum saß, raschelte es im Geäst, und ein Deva stieg wie eine leuchtende Wolke vom Himmel herab. »Ich habe deine Wünsche gehört – und wenn du nur mutig genug bist und mir folgst, werde ich dir helfen.«

Der arme Schäfer zögerte nicht lang. So nahm ihn der Deva bei der Hand und trug ihn in die Höhe, flog mit ihm tief ins Gebirge und setzte ihn schließlich auf einem kleinen Felsvorsprung ab. Dem Hirten graute es, als er in die schwindelerregende Tiefe blickte. Er flehte den Deva an, ihn am Leben zu lassen. Der lachte laut auf, sodass es von den Felsen widerhallte und sich Steine lösten, die in die Tiefe donnerten.

»Du dummer Junge! Habe ich nicht gesagt, dass ich dir deine Wünsche erfülle, wenn du nur mutig bist?«

Da fasste sich der Hirte ein Herz und verjagte seine Angst. »Gewiss, edler Deva, vergebt mir. Nur bin ich noch nie in meinem Leben in so großer Höhe gewesen und weiß nicht, wie hier meine Wünsche in Erfüllung gehen könnten.«

Wieder lachte der Deva. »Du musst nur genau hinsehen, Dummkopf!«

Da sah der Hirte sich um und erkannte mit einem Mal, dass in der Felswand direkt vor ihm eine Tür eingelassen war; die Fugen waren kaum zu sehen – doch sie öffnete sich leicht, als er dagegen drückte. Und der Deva sprach: »Tritt ein und wähle!«

Der Hirte trat durch die Tür und fand sich in einem gewaltigen, reich geschmückten Palast im Inneren des Berges wieder. Mit pochendem Herzen bestaunte er das Wunder. Nun hatte er keine Zweifel mehr daran, dass hier seine Wünsche erfüllt würden – Gold und Edelsteine lagen wie Kies auf dem Boden und funkelten und glänzten. Kein Raja hatte solche Reichtümer! Wenn er auch nur einen kleinen Teil davon mitnehmen dürfte, wäre er wahrhaft reich. Er sah den Deva erwartungsvoll an.

Der sprach: »Wenn du willst, kannst du dir die Taschen füllen, und ich bringe dich zurück. Doch in den Kammern, die hinter diesem Saal liegen, sind die wahren Reichtümer verborgen.«

Da musste der Hirte nicht lange überlegen. Hier gab es Reichtümer, wie er sie sich nicht hatte vorstellen können. Was würde wohl erst in den Kammern auf ihn warten, von denen der Deva gesprochen hatte? Dass die wahren Reichtümer dort zu finden wären, hatte der Deva gesagt. Ein breites Lächeln erschien auf dem Gesicht des Hirten. Ja, wahre Reichtümer, die wollte er nur zu gern haben.

Er schritt durch den Saal und öffnete die Tür zu einem kleinen, aber ebenfalls wunderbar geschmückten Raum, in dessen Mitte ein Schwert auf einem hölzernen Tisch lag. Der Deva folgte ihm und schloss die Tür. »Dieses Schwert ist nicht irgendeines. Es ist das Unbesiegbare Schwert. Wählst du dieses Schwert, wirst du ein großer Krieger werden, der jeden Kampf gewinnt, und man wird deinen Namen noch in hundert Jahren nennen. Nimm das Schwert – oder gehe weiter in die nächste Kammer und sieh, was dort verborgen ist.«

Der Hirte zögerte. Reichtum war gut, aber dieses ruhmbringende Schwert war noch besser. Wie gerne wäre er ein unbesiegbarer Held. Und sicherlich würde er dann überdies auch reich sein. Ja, das Schwert war zweifellos wertvoller als das Gold und die Edelsteine. Aber die nächste Kammer enthielt vielleicht noch etwas Besseres. Und so öffnete er die nächste Tür. Wieder folgte ihm der Deva und schloss sie. Die Kammer war von goldenem Licht durchstrahlt und auf einem Podest in der Mitte lag ein Buch.

»Das Buch, das du hier siehst, ist das Buch der Weisheit. Wählst du dieses Buch, werden dir alle Geheimnisse des Himmels und der Erde offenbar und du wirst als einer der großen Weisen noch in tausend Jahren berühmt sein. Nimm das Buch – oder gehe weiter in die nächste Kammer.«

Obwohl der Hirte ein einfacher Mann war, ahnte er doch, dass alle Geheimnisse des Himmels und der Erde mehr wert waren, als Gold oder ein Zauberschwert. Hätte er alle Geheimnisse, wären Gold oder der Sieg über einen Feind wohl ein Leichtes. Und dennoch zögerte er: Vielleicht käme ja etwas, das noch wertvoller war. Und so öffnete er nach nur kurzem Zögern die Tür zur nächsten Kammer.

Der Deva folgte ihm und schloss die Tür. »Das kleine, unscheinbare Kästchen, das du hier siehst, enthält das Glückbringende Kleinod. Hast du dieses, wirst du dein Lebtag glücklich und zufrieden sein. Deines Namens wird man sich nicht erinnern, doch du wirst Freude in die Herzen der Menschen bringen, indem du selbst die Freude in dir trägst. Nimm das Kästchen – oder tritt durch die nächste Tür.«

Der Hirte war in seinem Herzen nicht gierig und dachte: »Dieses Kästchen ist wertvoller als Gold, Ruhm oder Weisheit. Denn was gibt es Besseres als Zufriedenheit und Glückseligkeit?« Und doch zögerte er – was mochte wohl in der nächsten Kammer sein, das vielleicht noch kostbarer war, als alle bisherigen Schätze? Er wurde neugierig. Und so trat er durch die Tür …

Der Deva lachte laut auf – und der Hirte fand sich in seiner eigenen ärmlichen Hütte wieder. Deva, Berg und Schatzkammern waren verschwunden und blieben es auch, so sehr der arme Hirte auch nach dem Deva rief.

So aber ergeht es den Menschen, die nicht wissen, was sie wollen: Auch die größten Schätze sind ihnen nicht genug, und so stehen sie am Ende ohne jeden Schatz dort, wo sie nun einmal stehen.

Savitri lachte. »Ja, das war wohl ich.«

Amal lächelte sie an. »Wenn die Gedanken klar sind, werden auch die Gefühle klar. Klären sich die Gefühle, so klären sich auch die Gedanken.«

Er nahm eine Schale und eine Flasche aus einem Beutel und goss Wasser in die Schale. Dann griff er zu Boden, nahm eine

Handvoll Erde, gab sie ebenfalls in die Schale und rührte mit dem Finger um.

»Sieh, Savriti«, sagte er. »Das ist dein Geist. Das Wasser und die Erde sind vermischt – so siehst du weder klares Wasser noch feste Erde. Es ist eine trübe Brühe aus Schlamm. Und je stärker du rührst, desto weniger kannst du sie trennen. Der Inhalt der Schale ist wie die Welt, so wie sie dir erscheint.«

Savitri nickte. Genauso war es. »Aber wie kläre ich nun das Trübe? Wie gelingt es mir, Klarheit zu finden?«

»Ganz einfach«, sagte Amal. »Reiche mir deine Hände.«

Savitri legte ihre Hände in seine, und ein befreiendes Gefühl durchströmte sie. Amal und sie, so schien es ihr, waren nun wie die beiden Blätter der blauen Lotosblüte.

»Schließ die Augen!«, sagte Amal. Und Savitri schloss die Augen. Es kehrte ein tiefer Frieden in sie ein und eine Kraft, die sie noch nie zuvor gefühlt hatte, durchströmte sie. Ein warmes Lächeln erschien auf ihrem Gesicht. So saßen sie eine Zeit – sie hätte nicht sagen können wie lange. Schließlich sprach Amal: »Nun ist dein Geist klar, nicht wahr?« Savitri nickte lächelnd.

»Klar wie das Wasser?«, fragte Amal auf die Schale deutend.

Savitri senkte den Blick und sah auf die Schale. Die Erde hatte sich abgesetzt, und darüber stand klares Wasser.

»Nicht das Rühren, sondern die Stille bringt Klarheit.«

Savitri nickte. Sie hatte verstanden.

»Nur eine Frage habe ich«, sagte sie schließlich. »Warum konnte ich Majandra nicht heilen?«

Amal lachte laut auf. »Ganz einfach: Sie bedarf keiner Heilung, keines Zaubers, keiner Kräuter. Sie muss nur ihr wahres Selbst finden – so wie auch du.«

Savitri strahlte. Ihr Geist und ihre Gefühle waren so klar wie nie zuvor. Jetzt erkannte sie ihre Aufgabe, spürte die Verbundenheit mit allem und wusste: Sie war wahrlich eine große Heilerin – und nichts trennte sie mehr von den Menschen.

Erleuchtet und voller Frieden kehrte Savitri wieder in ihre Höhle zurück. Nie wieder wurde sie von Asuras und anderen Dämonen geplagt – und die Kunde von ihren großen Heilkünsten verbreitete sich über das ganze Land.

Amal, der Lehrer

1 Die Reisenden

Eine einsame Wanderin schritt mühsam den schmalen Pfad entlang, der sich den Berg emporwand. Der Tempel, den sie suchte, war doch weiter entfernt, als sie gedacht hatte. Nicht zum ersten Mal fragte sie sich, ob es wirklich klug gewesen war, nur aufgrund eines Traumes eine so anstrengende Reise zu einem Ziel, von dem sie nicht einmal wusste, ob es wirklich war, zu unternehmen. Gab es diesen Tempel, den sie im Traum gesehen hatte, überhaupt? War die Stimme, die sie im Traum gerufen hatte, tatsächlich die Stimme des weisen Yogi gewesen, der ihrem Leben eine neue Richtung gewiesen hatte?
So überzeugend und eindringlich war der Traum gewesen, dass sie sich ohne Zögern auf den Weg gemacht hatte. Nun aber verblasste ihre Überzeugung allmählich, und Zweifel regten sich in ihr. Zumal jetzt, wo die Mittagssonne glühend heiß brannte und jeden ihrer Schritte zu einer Qual machte. Vielleicht sollte sie sich ein wenig ausruhen?
Sie ging noch ein Stückchen, bis sie einen großen Banyanbaum sah, dessen Schatten zum Rasten einlud. Sie setzte sich in den Schatten und lehnte sich gegen den Baum. »Nur ein Weilchen …«, dachte sie – dann fielen ihr die Augen zu.

Kurz darauf kam ein Wanderer denselben Pfad entlang. Mit kraftvollen Schritten stieg er bergan. Sein Gesicht zeigte Entschlossenheit, Stärke und Selbstbewusstsein. Es war ein Gesicht, das Vertrauen erweckte und aus dem klare, freundliche Augen leuchteten. Auf seinen Rücken war ein kostbares Schwert gebunden.
Auch er folgte einem Traum. Mitunter erschien ihm zwar sein ganzes Leben wie ein Traumgebilde, doch der Traum, den er vor

ein paar Tagen geträumt hatte, war etwas Besonderes gewesen. Darin hatte sein Meister ihn gerufen und ihm den Weg zu einem Tempel gewiesen – dem Tempel, der sich auf diesem Berg befinden sollte. Wenngleich sein Meister längst gestorben sein musste – so viele Jahre war das jetzt schon her –, zweifelte der Wanderer doch nicht daran, dessen Ruf deutlich vernommen zu haben. Unbeirrt von der Mittagshitze schritt er kraftvoll voran und folgte dem Ruf seines Meisters. Die Hitze störte ihn wenig, denn er war sie von Kindheit an gewohnt. Als er an eine Biegung kam, sah er unter einem großen Banyanbaum eine ältere Dame liegen. Sie hatte feine Gesichtszüge und schien fest zu schlafen. Irgendwie hatte er das Gefühl, sie zu kennen, doch woher, das wollte ihm nicht einfallen. Er lächelte still und setzte sich im Schatten leise auf den Boden. Er würde den Schlaf der Dame bewachen.
Wie er so in aller Ruhe saß und in den Wald lauschte, hörte er kurz darauf leichte Schritte den Pfad, dem auch er gefolgt war, hinaufkommen.

Eine Frau, noch jung und von anmutiger Gestalt, schritt leichtfüßig den Weg bergauf. Auch wenn sie nur wenig Schmuck trug, erkannte man sogleich, dass sie sehr reich und wohl eine Rajni, die Fürstin eines kleinen Reichs, sein musste. Es war seltsam, dass sie hier allein wanderte – viel eher hätte man erwartet, dass sie von Bediensteten umgeben und in einer Sänfte getragen würde. Doch die junge Frau schritt mutterseelenallein voran und summte dabei ein fröhliches Liedchen. Und wer sollte ahnen, dass es nur ein Traum gewesen war, der sie dazu gebracht hatte, den Palast zu verlassen und nach einem Tempel zu suchen, von dem sie nicht einmal mit Gewissheit sagen konnte, ob es ihn wirklich gab. Doch sie hatte ein gutes Gefühl und vertraute der Stimme in ihrem Herzen.
Da sah sie einen großen Banyanbaum, in dessen Schatten ein Mann mit einem Schwert eine schlafende Frau bewachte. Kurz

zögerte sie, doch der Mann hatte sie ohnehin bereits gesehen, und so trat sie näher, lächelnd, aber leise, um die Schlafende nicht zu wecken.

Der Schwertschmied erkannte sie sofort. Er sprang auf und verbeugte sich tief. »Rajni Naresh! Was bringt Euch in diese verlassene Gegend? Und das allein, ohne Gefolge!«

Sie lächelte. »Ich folge einem Traum. Und bitte, lass die Förmlichkeiten, du kannst mich einfach Majandra nennen. Schließlich sind wir doch beide nur einsame Wanderer.« Sie warf einen Blick auf die schlafende Frau. »Nun ja, vielleicht nicht ganz so einsam …«

Er war zu verblüfft, um sogleich zu antworten. Sie hatte gesagt, sie folge einem Traum, und er hatte so viele Fragen. Doch schließlich verbeugte er sich nochmals und sprach: »Ich bin Ramesh, der Schwertschmied.«

»Ah – Ramesh? Ich habe von dir gehört. Du sollst die besten Schwerter im ganzen Land schmieden, heißt es. Und diese Dame ist deine Frau?« Sie deutete auf die Schlafende.

Er schüttelte den Kopf. »Nein. Als ich hier vor Kurzem ankam, fand ich sie schlafend im Schatten des Baumes. So habe auch ich mich ausgeruht und passe solange ein wenig auf sie auf.« Er zögerte kurz. »Doch Rajni Majandra – du sagtest, du folgtest einem Traum?« Sie nickte. »Auch mich hat ein Traum hierhergeführt. Ist das nicht seltsam?«

Majandra hob erstaunt die Augenbrauen. In diesem Moment erwachte die Schlafende. Kurz erschrak sie, als sie die zwei fremden Menschen sah, doch sogleich fing sie sich wieder und erhob sich in einer fließenden Bewegung. »Verzeiht, ich habe euch nicht kommen hören.« Sie verbeugte sich leicht. »Mein Name ist Kama.«

In den Augen des Schwertschmiedes leuchtete die Erkenntnis auf. »Ihr seid die berühmte Kurtisane Kama?«, platzte es aus ihm heraus.

Sie senkte den Blick ein wenig. »Ja, die war ich wohl einst. Nun nennt man mich seit Langem nur noch Kama, die Lehrerin.«
»Und was führt dich in diese einsame Gegend?«, fragte Majandra. »Doch nicht etwa auch ein Traum?« Sie lachte kurz auf. »Denn stell dir vor: Der Schwertschmied und ich sind beide von einem Traum geführt worden!«
Kama stockte bei diesen Worten der Atem und sie sah die beiden mit großen Augen an.
»Oh, wie unhöflich von mir«, rief Majandra. »Wir kennen deinen Namen, doch wir haben uns noch nicht vorgestellt. Nun, dies ist Ramesh, der Schwertschmied, und ich bin Majandra.«
Kama schüttelte den Kopf und hielt sich die Hände an die Schläfen. »Ist dir nicht gut?«, fragte Ramesh. »Doch, doch – es ist mir nur, als träumte ich immer noch«, antwortete sie staunend. »Denn tatsächlich bin auch ich von meinem Traum auf diese Reise geschickt worden!«
Nun war es an Majandra und Ramesh zu staunen.
»Hier geschieht etwas wirklich Seltsames«, sagte der Schwertschmied. »Es kann niemals ein Zufall sein, der uns auf diesem Berg zusammengeführt hat.«
Kama und Majandra nickten, und Kama sagte: »Wenn es unser Karma ist, dass wir uns hier begegnen, sollten wir die Gelegenheit nutzen und einander ein wenig besser kennenlernen und uns voneinander erzählen.«
Majandra und Ramesh stimmten zu. »Wenn es euch recht ist, werde ich beginnen«, sprach Ramesh. Doch als er gerade zu erzählen anhob, hörten sie schwere Schritte und ein lautes Keuchen. Alle drei drehten die Köpfe. Kurz darauf erschien ein wohlbeleibter Mann, der den Pfad schwitzend hinauf stapfte. Als er die drei sah, hielt er kurz inne. Nachdem er lange genug mit offenem Mund dagestanden und gestaunt hatte, hob er die Hände zum Friedensgruß und kam langsam auf die anderen zu. Was hatten diese drei merkwürdigen Gestalten auf einem ein-

samen Bergpfad zu suchen? Was geschah hier, auf dieser seltsamen Reise, von der er selbst nicht recht verstand, warum er sie überhaupt angetreten hatte? Als er nun unmittelbar vor den drei Wanderern stand und sie genauer betrachtete, war er vollends verwirrt. War diese junge Frau nicht die Rajni Majandra, die oft in seinem Laden eingekauft hatte? Und war die Dame nicht Kama?

Majandra lachte ihr perlendes Lachen. »Sei willkommen, Tuchhändler Mohandas! Lass mich raten: Gewiss hat dich ein Traum zu uns geführt.«

Mohandas riss die Augen weit auf. Einen Augenblick lang überkam ihn eine abergläubische Angst, und Geschichten von Asuras, die den Menschen grausame Streiche spielten, erschienen vor seinem inneren Auge. Doch da Majandra nicht zu lachen aufhörte, beruhigte er sich schnell wieder. Nein, so unwahrscheinlich diese Begegnung auch war – diese drei waren sicherlich keine Dämonen, sondern Menschen aus Fleisch und Blut, wie er. Er verstand zwar nicht, wie das möglich war, doch so war es nun einmal. Noch weniger begriff er, woher Rajni Majandra wissen konnte, dass ein Traum ihn veranlasst hatte, seinem Sohn den Laden zu überlassen und sich auf die ungewisse und mühsame Reise zu einem geheimnisvollen Tempel zu begeben. In einem eindringlichen Traum hatte ihn die geheimnisvolle Kakini, die ihm einstmals das Leben gerettet hatte, gerufen und ihm den Weg zum Tempel gewiesen. Doch wie konnte irgendjemand anderes davon wissen?

»Verehrte Rajnii«, sprach Mohandas und verbeugte sich tief. »Ich begreife zwar nicht, wie Ihr das wissen könnt – doch ja, in der Tat war es ein Traum, der mich bewegt hat, mich auf die Reise zu begeben. Ich suche den geheimen Tempel, der sich auf diesem Berg befinden soll. Die Dame Kakini ist mir im Traum erschienen, der sehr viel mehr war, als ein gewöhnlicher Traum. Und sie hat mir den Weg gewiesen.«

Die anderen sahen sich gegenseitig ratlos an, bevor ihr Blick auf Mohandas ruhte.
»Es geht wahrlich Merkwürdiges vor sich«, wunderte sich Kama.
Ramesh ergriff das Wort. »Jeden von uns hat ein Traum auf diesen Berg geführt. Und doch hatten wir nicht alle denselben Traum. Die Dame Kakini kenne ich nicht. Mich hat mein alter Schwertmeister im Traum besucht.«
Die beiden Frauen nickten. »Bei mir war es ein alter Yogi, der vor Jahren mein Leben auf eine neue Bahn lenkte«, sagte Kama.
»Und in meinem Traum war es der Musikant, der mich von meinem Leiden erlöst hat«, sagte Majandra.
»Ich begreife das alles nicht«, sagte Ramesh. »Einerseits folgen wir alle einem Traum, der uns in diese Gegend gesandt hat, was unmöglich ein Zufall sein kann; andererseits wurden wir doch alle von unterschiedlichen Traumgestalten auf die Reise geschickt.«
Die anderen stimmten ihm zu, und alle verfielen lange Zeit in Schweigen.
»Ramesh«, sagte Majandra schließlich, »kurz bevor Mohandas zu uns stieß, hattest du damit begonnen, uns von dir zu erzählen. Vielleicht ergründen wir das Rätsel am besten, wenn jeder von uns seine Geschichte erzählt.«
Alle stimmten ihr zu. Doch plötzlich hob Kama die Hand. »Still! Ich glaube, es kommt noch jemand.«
Die Wanderer hielten inne und lauschten. Dann hörten sie es. Mit festen Schritten kam jemand den Pfad hinauf.
»Vielleicht noch ein Träumer?«, sagte Majandra und lachte. Ramesh und Kama fielen in ihr Lachen ein. Nur Mohandas saß mit offenem Mund da; er war von der Entwicklung der Ereignisse zu überwältigt, um darin etwas Belustigendes erkennen zu können.

Ein kräftiger Mann, der ein geschnitztes Götterrelief trug, kam leichten Fußes den Weg empor. Er lächelte, als er die Gruppe sah, die ihn zu erwarten schien, und wirkte nicht sonderlich überrascht. Dann aber erkannte er sie: War das nicht der berühmte Schwertschmied, der gar nicht weit von seiner Werkstatt seine Schmiede hatte? Und Kama, die ehemals eine berühmte Kurtisane gewesen war? Keine Frage – das neben ihr war der Tuchhändler Mohandas. Und wer stand da an seiner Seite? Das war doch die Rajni Majandra Naresh! Im Nu verflog seine Gelassenheit, und er stutzte. Was hatte diese Gruppe zusammengeführt? Er konnte es sich nicht vorstellen, und es wurde ihm ein wenig unheimlich zumute. Hatte die Hitze seinen Kopf verwirrt? Er berührte das Bild der drei Götter, Brahma, Shiva und Vishnu, das er als Gabe für den Tempel mit sich trug. Dann hob er die gefalteten Hände zum Friedensgruß. »Namaste!«, rief er. Die Wartenden grüßten ihn, und die junge Rajni lachte und lachte, bis ihr Tränen in den Augen standen. »Sei willkommen!«, sagte sie. »Was führt dich hierher? Warte – sag nichts! Ich habe bei einer Heilerin die Wahrsagekunst erlernt. Also …«, sie schaute ihm tief in die Augen, »ah – jetzt sehe ich es: Es war ein Traum, der dich zu uns geführt hat, richtig?«
Chandra schien wie vom Blitz getroffen. Sein erschrockenes Gesicht amüsierte Majandra über alle Maßen, und sie brach erneut in Lachen aus. Chandra indes war gar nicht nach Lachen zumute. Diese Begegnung war unheimlich.
Als die fünf sich jedoch niedergesetzt hatten und zu erzählen begannen, wich das unheimliche Gefühl einem ehrfürchtigen Staunen: Jeder Einzelne erzählte, wie es ihm ergangen war, und alle berichteten davon, wie überrascht sie darüber waren, von einem Traum geleitet worden zu sein, der so deutlich gewesen war, als sei er wirklich gewesen.
»In meinem Traum war es ein blinder Flötenspieler, der mich einst vor einer großen Dummheit bewahrt hat, der mir den Weg

zum Tempel wies«, sprach Chandra. »Es müssen die Götter selbst sein, die uns hier zusammengebracht haben!«
Kama und Mohandas nickten, Majandra und Ramesh blickten eher zweifelnd drein. Alle schwiegen eine Weile, in ihren Gedanken versunken. Dann war es wiederum Majandra, die das Schweigen brach. »Nun, wir wissen es nicht. Doch bevor du kamst, Chandra, hatten wir beschlossen, uns gegenseitig unsere Geschichten zu erzählen, um vielleicht ein wenig Klarheit in dieses Rätsel zu bringen.«
Chandra nickte zustimmend. »Das scheint mir eine gute Idee zu sein.«
Majandra lachte. »Ramesh, möchtest du es nun zum dritten Mal versuchen? Oder sollten wir noch auf weitere Traumreisende warten?«
Nun mussten auch die anderen lachen. Ramesh sagte schließlich: »Nein. Drei ist eine gute Zahl. Und wir sind fünf. Das ist auch eine gute Zahl – die Zahl der Elemente: Erde, Wasser, Feuer, Luft und Äther.«
So saßen die fünf lange im Schatten des großen Baumes, und jeder erzählte den anderen seine Geschichte.
Ramesh, wie er vom Sohn eines einfachen Korbflechters zum Schwertschmied wurde und von einem blinden Schwertmeister auf den richtigen Weg geführt wurde, und wie der ihm im Traum erschienen war.
Chandra berichtete von seiner unglücklichen Liebe, und wie ein blinder Flötenspieler ihn davon abgehalten hatte, sich im Fluss zu ertränken. Derselbe Flötenspieler war auch im Traum zu ihm gekommen.
Kama erzählte von ihrem Weg und davon, dass sie Devadasi und dann Kurtisane geworden und schließlich einem Yogi begegnet sei, der ihr Leben verändert hatte. Und auch jetzt noch veränderte er ihr Leben, denn er war es, der sie im Traum auf diese Reise geschickt hatte.

Mohandas legte dar, wie sehr er sein Herz früher verschlossen und dass er seinen Konkurrenten über alle Maßen gehasst hatte. Und er erzählte, wie er von einer geheimnisvollen Dame namens Kakini von der Kraft der Liebe und des Mitgefühls erfahren hatte. Sie war es auch gewesen, die ihm im Traum vom geheimnisvollen Tempel erzählt hatte.

Majandra zögerte noch eine Weile. Doch schließlich öffnete auch sie sich den anderen und berichtete von dem Zorn ihres Vaters und wie sie stumm geworden war, bis ihr ein weiser Musikant und Heiler nicht nur die Sprache wiedergegeben, sondern ihr auch geholfen hatte, ihr wahres Selbst zu finden. Von diesem Heiler hatte sie nun geträumt, und er hatte sie auf die Reise in diesen Bergwald geschickt.

»Ist es nicht seltsam«, sagte Majandra, »dass wir alle etwas Ähnliches erfahren haben? Es waren fünf Menschen, die uns in einer schwierigen oder scheinbar ausweglosen Zeit geholfen haben, und diese fünf sind uns im Traum begegnet.«

Alle nickten übereinstimmend. Jeder dachte dasselbe. Aber keiner wusste, was es zu bedeuten hatte. Der einzige Weg, es herauszufinden, war wohl, den Tempel zu finden. Also zogen sie los, schweigend, ein jeder in seine Gedanken versunken.

Eine Stunde waren sie wohl gewandert, da sahen sie eine Frau, die auf einem großen, flachen Stein saß und ihnen entgegenblickte. Die Herzen der fünf Wanderer schlugen höher – ob hier wohl die Antwort auf das Rätsel wartete, das sie lösen wollten? Doch dann erkannte Majandra die Frau: »Savitri!«, rief sie.

Savitri lächelte und wirkte nur ein wenig überrascht. »Ich wusste nicht, was mich auf dieser Reise erwarten würde. Doch dich habe ich gewiss nicht erwartet.«

Majandra lachte. »Ja, unsere Reise ist voller Überraschungen.«

»Euch alle hat ein Traum hierhergeführt«, sagte Savitri leise, und alle starrten sie verblüfft an.

»Wie ist es möglich, dass du das weißt?«, rief Ramesh.
Savitri antwortete nicht, lächelte und sagte, als wäre es selbstverständlich: »Nun fehlt nur noch der Siebte. Ich denke, wir werden ihn im Tempel finden.«
Jetzt redeten alle durcheinander. »Welcher Siebte?«, »Woher kannst du wissen…«, »Weißt du, warum wir hier sind?«, »Wer bist du?«, »Hat auch dich ein Traum hierhergeführt?«, »Wer war es in deinem Traum?«
Savitri hörte lächelnd zu, bis die Fragen verstummten. »Ich bin Savitri, die Heilerin. Mich hat ein Kind im Traum besucht und mir den Weg gewiesen. Es müssen sieben sein, die zusammenkommen – das hat mir die Stimme meiner Seele offenbart.«
Die anderen sahen sie etwas skeptisch an. Doch Savitri hatte mit einer Kraft gesprochen, die überzeugend war. Und es änderte ja auch nichts: Sie würden den Tempel ohnehin finden müssen. Also zogen sie weiter. Und nach wenigen hundert Schritten sahen sie ihn. Sie standen vor dem Tempel.

2 Der Tempel

In der Wirklichkeit war der Tempel sehr viel mächtiger, als er ihnen im Traum erschienen war. Die Fassade war mit Hunderten von Gottheiten und heiligen Tieren verziert, jedes Wesen in einer anderen Farbe. Wie eine kleine Stufenpyramide hob sich das Gebäude ein wenig über die Bäume. Das große Tor stand offen.
Die sechs Wanderer stiegen vorsichtig die sieben großen Stufen empor. Sie zögerten einzutreten. Schließlich rief Majandra: »Ist hier jemand? Hallo? Dürfen wir den Tempel betreten? Wir…«
Plötzlich flammten die Kerzen im Eingangsraum des Tempels auf und alle, außer Savitri, zuckten zusammen. Majandra lachte nervös. »Ich glaube, das heißt, wir dürfen hineinkommen…«

Zögerlich betraten die Traumwanderer den Raum. Kaum waren sie alle eingetreten, als hinter ihnen das Tor mit einem dumpfen Geräusch ins Schloss fiel.

Als ihre Augen sich an das Kerzenlicht gewöhnt hatten, erkannten sie, wie wundervoll der Tempel aussah. Eine heilige Atmosphäre umhüllte den Raum. Die Wände waren reich mit Abbildungen von Göttinnen, Göttern und Weisen geschmückt. Unter jeder der großen Kerzen, die den Raum erhellten, stand eine Statue: Brahma und Sarasvati, Krishna und Radha, Agni und Surya, Vishnu und Lakshmi, Rama und Sita und schließlich Ganesha, der elefantenköpfige Gott.

Alle standen wie gebannt und betrachteten ehrfürchtig die kunstvollen Gemälde und Statuen. Nur Savitri sah fasziniert auf den Boden. Schließlich folgten die anderen ihrem Blick und sahen, was sie sonst gewiss übersehen hätten: In einem Mosaik aus winzigen, schimmernden Steinchen war eine zusammengerollte Schlange dargestellt, die den Boden des ganzen Raumes umfasste.

Savitri sagte: »Das ist die Schlange Kundalini. Sie schläft in jedem von uns, und wenn sie erwacht, bringt sie uns höchstes Glück und vollkommene Befreiung.«

Aller Blicke richteten sich auf Savitri, und sie wurde mit Fragen über Fragen bedrängt. Doch sie zuckte nur die Schultern. »Glaubt mir, ich weiß auch nicht mehr als ihr. Nur von der Schlangenkraft, die in jedem Menschen ruht und auf ihre Erweckung wartet, habe ich einstmals von meiner Mutter gehört.«

In diesem Augenblick öffnete sich die Tür zu einem weiteren Raum. Die Kerzen erloschen langsam, während der neue Raum in einem kraftvollen roten Licht zu leuchten begann.

Ramesh fühlte sich stark von dem roten Licht angezogen und war der Erste, der eintrat. Nach kurzem Zögern folgten ihm die anderen. Auf dem Boden war eine Lotosblüte mit vier roten Blütenblättern eingelassen; zwei riesige Statuen standen am

anderen Ende des Raumes vor einer geschlossenen Tür – die eine stellte Brahma, die andere Sarasvati dar. Die Wände waren mit Abbildungen von weiteren Göttern, von Stieren und vulkanischen Feuern geschmückt. Während die anderen die Schönheit des Raumes bewunderten, war Ramesh geradezu überwältigt, und Tränen traten ihm in die Augen. Ihm war, als bildete alles, was er hier sah, das Innerste seiner Seele ab.
Besonders ein Schriftzug über der Tür, neben der die beiden Götterstatuen standen, nahm seine ganze Aufmerksamkeit gefangen.
Du bist sicher und gründest fest in der Erde.
Ramesh war es, als ob es die Götter selbst waren, die zu ihm sprachen. Alle sechs standen in Ehrfurcht und spürten ein kraftvolles Gefühl, das vom unteren Ende der Wirbelsäule aufzusteigen begann. Da öffnete sich die Tür, die die beiden Statuen bewachten. Das rote Licht wurde dunkler, während sich im zweiten Raum ein strahlendes oranges Licht ausbreitete.
Während die anderen staunend dastanden, fühlte Chandra sich wie von einem starken Magneten angezogen, und er war der Erste, der den neuen Raum betrat. Auch hier waren Mosaikfliesen im Boden eingelassen, die eine Lotosblüte darstellten; ihre sechs Blätter leuchteten in einem strahlenden Orangeton. Auch dieser Raum hatte eine Tür, die geschlossen war und von zwei Göttern bewacht wurde – dem Flöte spielenden Krishna und Radha, seiner Geliebten, der Göttin der Hingabe. An den Wänden schimmerten Abbildungen von Fischen und Flüssen im glänzenden Licht des vollen Mondes. An den Ufern der Flüsse sah man Paare, eng umschlungen im Liebesakt. Chandra fühlte, dass dieser Raum ganz besonders zu ihm sprach, und er las den Schriftzug über der geschlossenen Tür:
Begeisterung und die Kraft des Schöpferischen fließen in dir.
Chandra fühlte, wie Lebensfreude und Begeisterung in ihm erwachten. Auch die anderen spürten, wie kraftvolle Lebens-

energie in ihnen aufstieg, und sie konnten ein seltsames warmes Kreisen und Vibrieren tief in ihrem Bauch fühlen.
Wie von Geisterhand öffnete sich langsam die Tür zwischen Krishna und Radha. Ein strahlend gelbes Licht erhellte den Raum – hell wie das Licht der Sonne. Kamas Körper spannte sich an, und mit einem Mal fing sie grundlos zu lachen an. Mit raschen Schritten ging sie auf die Tür zu und trat, ohne zu zögern, über die Schwelle. Auch in diesem Raum war der Boden mit einer großen Lotosblüte geschmückt: Sie hatte zehn strahlend gelbe Blütenblätter. Neben einer weiteren Tür auf der gegenüberliegenden Seite des Raumes standen zwei Statuen – Agni, der Gott des Feuers, und Surya, Tochter der Sonne und Agnis Gefährtin. Die Wände ringsum waren mit weiten Kornfeldern bemalt, die von der Mittagssonne beschienen wurden – und überall auf den Gemälden waren Menschen zu sehen – Menschen mit allen möglichen Gefühlsausdrücken: traurige, fröhliche, aufgeregte, gelassene, wütende, liebende Menschen …
Kama war den Tränen nah, als sie fühlte, dass all diese äußeren Bilder ein Spiegel ihres innersten Wesens waren. Ihr Blick ruhte lange auf dem Satz, der über der geschlossenen Tür in den Stein gemeißelt war:
Deine Macht liegt in der Macht über dich selbst.
Und alle fühlten, wie die Lebensenergie in ihnen weiter emporstieg, ihren ganzen Körper durchdrang und wie eine kleine Sonne in der Mitte ihres Körpers ruhte.
Die vierte Tür öffnete sich, und ein warmes, grünes Licht leuchtete ihnen entgegen. Während alle sich darüber wunderten, woher das wohlige Gefühl kam, das ihre Herzen durchströmte, war es Mohandas, der als Erster auf die Tür zuging. Keiner fühlte sich so stark von dem Licht angezogen wie er. Er trat ein, und die anderen folgten ihm. Die große Lotosblüte, die als Mosaik im Boden eingelassen war, trug zwölf strahlend grüne Blütenblätter.

Majandra flüsterte: »All diese Kammern sind wunderschön. Und könnt ihr es auch fühlen? Sie alle tragen eine tiefe Bedeutung in sich, und etwas Seltsames verändert sich in uns.« Die anderen nickten.
An den Wänden waren Bilder von Wäldern, die im Wind wogten, und eine Unzahl von Vögeln zu erkennen. Und wiederum wurde die geschlossene Tür am anderen Ende des Raumes von zwei Gottheiten bewacht – von Vishnu und Lakshmi, den Erhaltern der Welt und Säulen des Universums.
Mohandas spürte sein Herz, wie es ihm in kraftvollem Rhythmus in der Brust schlug. Er fühlte sich, als sei er hier in diesem geheimnisvollen Raum im Innersten seiner Seele angelangt. Doch auch die anderen waren tief berührt.
Mohandas las den Schriftzug, der in großen, geschwungenen Buchstaben über der geschlossenen Tür prangte:
Liebe und Mitgefühl sind die Mitte alles Seins.
Er ließ sich auf die Knie nieder und verbeugte sich andächtig vor Vishnu und Lakshmi. In diesem Augenblick wurde sein Herz von einer gewaltigen Kraft durchströmt. Und auch die anderen fühlten, wie sich ihr Herz durch die aufsteigende Kraft in ihnen weit zu öffnen schien.
Da öffnete sich die fünfte Tür. Ein Licht wie von einem hellblauen, wolkenlosen Himmel strahlte ihnen entgegen, und zunächst glaubten die sechs, dass dieser Raum zum Himmel hin offen sei. Majandra zögerte nicht lange und trat sofort mit leichten Schritten ein.
»Ich wusste, welche Blüte ich hier sehen würde«, sagte sie leise. Und tatsächlich – sie schien nicht im Mindesten überrascht, als sie die Lotosblüte mit den sechzehn hellblauen Blütenblättern unter ihren Füßen erblickte.
Die anderen sahen sie verwundert an, nur Savitri lächelte wissend. »Ist euch nicht aufgefallen, dass die Blüten in diesem Tempel genau die gleichen sind, die uns an den Wendepunkten unse-

res Lebens begegneten?« Sie sah Ramesh an. »War nicht ein vierblättriger roter Lotos auf dem Schwert deines Meisters?« Ramesh nickte. »Und du Chandra: Trug dein Flötenspieler nicht eine orange, sechsblättrige Lotosblüte auf seinem Gewand?« Chandra sah sie erstaunt an.

»Und der Yogi, dem ich begegnete, malte eine gelbe Lotosblüte mit zehn Blättern in den Sand!«, sagte Kama.

Mohandas nickte. »Ja, auch bei mir stimmt es: Kakini, die geheimnisvolle Fremde, schnitt eine grüne Lotosblüte mit zwölf Blütenblättern aus einer meiner Seidenstoffbahnen.«

Majandra lachte leise. »Und hier sind es nun also die sechzehn Blütenblätter, die mir der Heiler gezeigt hat.«

Sie alle fingen an zu verstehen. Doch sie spürten auch, dass jetzt nicht die Zeit für Fragen und Gespräche war, sondern dass in diesem Tempel nur eines wichtig war: genau darauf zu achten, was ihr Herz ihnen zu sagen hatte.

Wie alle vorherigen Räume war auch dieser mit Wandgemälden geschmückt. Auf dem größten und eindrucksvollsten Bild waren zwei weiße Elefanten zu sehen, die in Richtung einer weiteren geschlossenen Tür blickten, neben der tönerne Statuen von Rama und seiner Gefährtin Sita Wache standen. Majandra las laut den Satz, der über der Tür stand:

Wahrheit und Verstand sind weit und klar wie der Himmel.

Sie lachte leise, und eine tiefe Freude lag in ihrem Lachen.

»Nun, Savitri«, sagte sie. »Dann wird diese Tür da drüben wohl in deinen Raum führen.«

Savitri lächelte. »Ja, und es wird wohl eine Lotosblüte mit zwei Blättern sein, die wir auf dem Boden entdecken. Aber was kommt dann? Warten wir nicht alle auf die siebte Kammer?«

Die anderen stimmten ihr zu und nickten. Alle spürten sie, wie die Energie, die in der ersten Kammer begonnen hatte aufzusteigen, nun bis in ihre Kehlen stieg und ein intensives Gefühl der Verbundenheit weckte.

Die sechste Tür öffnete sich, und Savitri trat als Erste ein.
Während in der vorigen Kammer das Licht des hellen Tages vorherrschte, war dieser Raum von einem dunklen Blau, und Tausende von Sternen leuchteten von der Decke herab, ganz so, als hätte das Universum sich hier in dieser Kammer in seiner ganzen Pracht vereint.
Wie Savitri und Majandra schon vorhergesehen hatten, war die Lotosblüte, die in den Boden eingelassen war, tatsächlich dunkelblau, und sie trug nur zwei Blütenblätter. An den Wänden hingen Gemälde, die die fünf Sinne darstellten, und Szenen aus dem Leben Ganeshas waren auf die Mauern gemalt. Savitri stand ganz still und nahm alles in sich auf. Sie fühlte wieder die Befreiung, die sie gefühlt hatte, als sie nach ihrer Flucht aus dem Palast des Rajas dem geheimnisvollen Kind im Wald begegnet war.
Sie las die Inschrift über der siebten Tür:
Deine Intuition führt dich zur Erleuchtung.
Sie hielt den Atem an – und dann erschien ein großes Lächeln auf ihrem Gesicht.
Auch die anderen spürten, wie ihre Lebensenergie nun hinauf in ihr Gesicht und ihren ganzen Kopf aufstieg. Sie erkannten, dass sich in ihrem Inneren eine Tür zu einem tiefen Verständnis des Universums auftat.
Und schließlich öffnete sich die siebte Tür.

3 Das Erwachen

Es war dunkel, und sie zögerten, einzutreten. Schließlich war es Majandra, die den ersten Schritt wagte, und die anderen folgten ihr vorsichtig.
In der Mitte des Dunkels erschien ein heller, weißer Fleck, der sich immer mehr ausbreitete und schließlich den ganzen Raum erhellte. Auch in dieser Kammer war eine Lotosblüte auf dem

Boden eingelassen, doch beim Anblick dieser Blüte wurde ihnen schwindelig. Neben den großen Blütenblättern waren kleinere, dann wieder kleinere und immer kleinere zu sehen, was sich bis in die Unendlichkeit fortzusetzen schien. Es war, als ob sie in der Mitte des Universums stünden – und gleichzeitig auf einem hohen Berggipfel. Ein Ton lag in der Luft und wurde immer lauter. Das stille Rauschen einer Quelle wurde zum Plätschern eines Bächleins, zum Brausen eines gewaltigen Stromes und schwoll schließlich zum Rauschen aller Ströme zusammen an – und der Ton war OM.

Auch dieser Raum hatte eine weitere Tür, die geschlossen war. Und vor dieser Tür saß ein Kind im Lotossitz.

»Amal!«, rief Savitri.

Das Kind lächelte sie an. »Ja, ich bin es – bin Amal, das Kind, bin Amar, der Musikant, die Dame Kakini und der Yogi unter dem Bilvabaum. Ich bin der blinde Flötenspieler und bin der Schwertmeister.«

Während er dies sprach, wechselte seine Gestalt, und jeder der Reisenden erkannte in ihm seinen Retter. Und indem sie dies erkannten, fielen die Schleier von ihren Augen, und sie erahnten das große Geheimnis des Universums und der Verbundenheit allen Seins.

»Ihr habt nun die sieben Kammern durchschritten«, sprach Amal. »Ihr habt verstanden, dass alle Kammern in diesem Tempel nur Abbildungen des Tempels eures Leibes sind. Seht!« Er wies auf die Tür, durch die sie gekommen waren. Sie drehten sich um und blickten durch alle sieben Kammern hindurch. Und sie verstanden.

Mit leiser Stimme begann Amal eine Geschichte zu erzählen.

DER RAJA ALLER WELTEN

Ein erleuchteter Mönch wanderte einst durch einen großen Wald. Er spürte, dass er sich einem kraftvollen Ort näherte – und als er eine Lichtung fand, in deren Mitte eine Quelle entsprang, wusste er, dass er diesen Ort gefunden hatte. Er ließ sich an der Quelle nieder, schloss die Augen und begab sich in Versenkung.

Da rauschte und brauste es um ihn herum, und als er die Augen öffnete, umringten ihn sieben gewaltige, göttliche Gestalten.

»Sterblicher«, klang es wie aus einem Mund. »Wir sind uns nicht klar darüber, wer von uns herrschen und wer der Raja aller Welten sein soll. Du wirst unser Richter sein!«

Der Mönch lächelte still und nickte. »Wenn ihr es so wollt.«

Da sprach das erste Wesen, das rot wie Feuer leuchtete, mit donnernder Stimme: »Ich bin der Lebenswille. Ohne mich hat das Leben keinen Bestand – daher sollte ich der Herrscher sein.«

Das zweite Wesen strahlte in einem orangenen Glanz und sprach mit verführerischer Stimme: »Ich bin die weibliche Energie und Schaffenskraft. Ich sorge dafür, dass sich das Leben fortpflanzt. Ohne mich gäbe es keine Leidenschaft und keine Kinder. Deshalb sollte ich herrschen.«

Das dritte Wesen, das in strahlend gelbes Licht wie die Sonne selbst gehüllt war, sagte selbstbewusst: »Ich bin die Willenskraft und die Kraft der Gefühle. Ohne mich gäbe es keine Bewegung; und ohne den Willen gäbe es nichts, was sich entwickeln könnte. Ich denke, ich sollte herrschen.«

Das vierte Wesen, leuchtend grün, sprach mit sanfter Stimme: »Ich will nicht herrschen, doch ich bin die Liebe. Was wäre die Welt ohne Liebe und Mitgefühl? So glaube ich, dass ich, auch wenn es nicht mein Wunsch ist, herrschen sollte.«

Das fünfte Wesen schimmerte in einem himmelblauen Licht. »Ich bin die Wahrheit und verbinde alles miteinander. Ich sorge dafür, dass es Verständnis zwischen allen Wesen gibt. Ist das nicht das Wichtigste? Ich meine es wäre gut, wenn ich zum Herrscher aller Welten würde.«

Das sechste Wesen war in ein tiefblaues Licht getaucht; es war, als ob der Sternenhimmel aus ihm leuchtete. »Ich bin die Fantasie, die Einsicht und die Wahrnehmung. Ohne mich wäre alles grau und ungewiss – sollte nicht daher ich über alles herrschen?«

Das siebte Wesen sprach, und es war wie ein heiteres Lächeln, das die Welt durchdrang. »Ich bin die Erleuchtung, das, was alle Dinge vereint. Das Herrschen ist eine Illusion – doch bin nicht ich es, das alles durchdringt?«

Mit einer einzigen gewaltigen Stimme sprachen die sieben: »Nun entscheide!«

Der Mönch lächelte, sah in die Runde und schwieg eine Weile. Dann sprach er: »Ihr großen, mächtigen Wesen, ihr alle seid gleichermaßen bedeutsam und wichtig. Ein jeder von euch könnte herrschen – doch es gibt noch eines, das viel mächtiger ist als jeder Einzelne von euch! Und das ist: eure Verbundenheit – eure Gemeinschaft. Ihr alle zusammen seid das EINE!«

Wiederum rauschte und brauste es, und die sieben Mächte verschmolzen zu einem großen strahlenden Wesen, das lachte so laut, dass das ganze Universum bebte. Und aus dem gewaltigen Rauschen konnte man die eine Stimme heraushören, die sprach: »Wir danken dir. So, wie du sagst, sei es!«

Und sie alle verschmolzen zu einem Licht, das in den Mönch floss, und er erkannte, dass er selbst die sieben Mächtigen war.

Ramesh, Chandra, Kama, Mohandas, Majandra, Savitri und Amal – sie alle waren verschieden und doch eins. Sie sahen sich an und verneigten sich voreinander. Nun bedurfte es keiner Worte mehr.
Endlich öffnete sich die letzte Tür, die aus dem Tempel wieder in die Welt führte. Ein jeder aber, der den Tempel verließ, verließ ihn verwandelt, denn alle trugen sie das Geheimnis der sieben Kammern in ihrer Seele. Gemeinsam gingen sie hinaus in die Welt – ein jeder an den Ort, der für ihn bestimmt war. Nun aber, da sie alle die große Einheit erfahren hatten, nun erst waren sie, jeder Einzelne und doch alle zusammen, wirklich und ganz sie selbst und zugleich eins mit dem Universum.

Das Geheimnis der Chakras

Ich hoffe, dass Ihnen die sieben Geschichten gefallen haben und Sie beim Lesen einige interessante neue Einsichten gewinnen konnten. Vielleicht ist Ihnen aufgefallen, dass sie alle eine ähnliche Struktur haben: Die Heldinnen und Helden der jeweiligen Geschichte sind mit einer Krise konfrontiert, die mithilfe eines geheimnisvollen Weisen überwunden wird und ihrem Leben eine neue Richtung gibt.

Geschichten sind erst einmal nur Geschichten. Doch bei diesen sieben Erzählungen habe ich mehr im Sinn gehabt, als einfach nur Geschichten zu erzählen. Sie sollen mehr als motivieren und inspirieren. Vielmehr folgen alle Erzählungen der altindischen Chakra-Lehre, um die es mir in diesem Buch geht.

Nun wissen Sie möglicherweise gar nicht, was »Chakras« überhaupt sind. In aller Kürze: Es sind die sieben wichtigsten Energiefelder des Menschen; Energiewirbel, die entlang der Wirbelsäule aufsteigen. Weiter unten werde ich Ihnen einen kurzen Abriss über die Eigenschaften und Wirkungen der einzelnen Chakras geben. Doch zunächst möchte ich kurz erklären, wie das uralte Wissen um die Chakras mit diesem Episodenroman zusammenhängt.

Jedes Chakra spricht eine bestimmte Grundenergie im Menschen an. Wenn diese Energie blockiert oder gestört ist, erleben wir das als Krise, persönliche Schwierigkeit und Lebensaufgabe. Es beginnt mit dem Urvertrauen, das das Hauptthema des Wurzelchakras ist – und das Thema von Ramesh, dessen Leben früh von einer Verletzung dieses Urvertrauens geprägt wird. Das zweite Chakra hat das Thema Kreativität – das Lebensthema von Chandra, dem Götterschnitzer. Das Nabelchakra steht mit dem Thema Macht und Selbstkontrolle in Verbindung – und dies ist auch das zentrale Thema von Kama, der Kurtisane. Das Herzchakra ist das Energiezentrum der Liebe und des Mitgefühls – Themen, mit denen Mohandas, der Tuchhändler, zu tun hat. Das Fünfte, das Halschakra, kontrolliert jede Art von Kommunikation, zu der auch die Musik gehört – das Thema, mit dem Majandra, die Fürstentochter, konfrontiert wird. Das Stirnchakra ist der Sitz der Intuition und der Wahrnehmung – Savitri, deren Fähigkeiten sie zur Heilerin prädestinieren, sie aber auch mit Wahnvorstellungen und Illusionen konfrontieren, die sie überwinden muss, um ihre Aufgabe zu finden, muss sich mit diesen Themen auseinandersetzen. Das Siebte, das Kronenchakra, ist schließlich das Zentrum der Spiritualität und Erleuchtung – und daher geht es in der letzten Geschichte, in der schließlich alle Fäden zusammenlaufen, um Erleuchtung.

Und wer ist Amal, der Lehrer? Er ist unsere innerste Weisheit, das, was unser »großes Ich«, im Gegensatz zum beschränkten, egoistischen »kleinen Ich«, ausmacht. Er repräsentiert den Teil unseres Wesens, den wir »Seele« nennen können und der uns auf unserem spirituellen Weg leitet.

Eine spirituelle Reise

Die sieben Geschichten bilden eine Einheit; sie sind miteinander verbunden – genau wie unsere Chakras. Die Chakra-Lehre ist ein Hilfsmittel. Auch wenn Sie nichts über Chakras wissen oder Sie das vielleicht auch gar nicht interessiert, so wird doch die spirituelle Reise, die durch sieben Stationen menschlicher Entwicklung führt, eine Reise sein, in der Sie sich zumindest an einer Stelle wiederfinden – nämlich der, die Ihr persönliches spirituelles Hauptthema ist.

Durch das Lesen der sieben Geschichten werden Sie den Kern der Chakra-Lehre intuitiv verstehen und wichtige Impulse da-

raus schöpfen können. Dabei ist es nicht so wichtig, ob Sie die Chakras an sich kennenlernen – hier ging es mir darum, die psychologische und spirituelle Entwicklung der sieben Stufen zu zeigen. Nicht auf intellektuelle Weise, sondern so, dass Sie die Gefühle der Protagonisten verstehen – und dabei Schwierigkeiten in Ihrem eigenen Leben, deren Wurzeln und deren mögliche Lösung entdecken.
Ich hoffe, dass Sie von dieser Reise mit wertvollen Einsichten zurückgekehrt sind und dadurch neue Orientierung für Ihren Lebensweg finden konnten. Denn das ist letztlich das Ziel und die Aufgabe jeder Philosophie und Spiritualität.

Die Bedeutung der Chakras und Chakra-Meditation

Im Folgenden werde ich Ihnen kurz etwas zu den einzelnen Chakras und ihrer Bedeutung erzählen – und Ihnen auch zu jedem Chakra eine kleine Chakra-Meditation vorstellen.
Bevor wir jedoch zu den Chakras kommen, zunächst ein paar Worte zu den Meditationen.

Anleitung zur Chakra-Meditation

Für die einfachen Chakra-Meditationen, die ich Ihnen vorstellen möchte, benötigen Sie keine Vorkenntnisse. Es sind kurze Übungen, die die Energie des jeweiligen Chakras verstärken und in Harmonie mit Ihrem Geist und Körper bringen.
Damit die Meditationen eine tiefgreifende Wirkung entfalten, ist es wichtig, eine Pause vom Alltag einzulegen und innerlich soweit es geht zur Ruhe zu kommen, bevor Sie mit der Meditation beginnen. Nehmen Sie sich Zeit für sich selbst, Zeit in der Sie die Chakra-Meditation ungestört und mit voller Auf-

merksamkeit durchführen können. Noch besser ist es, wenn Sie eine besondere Atmosphäre schaffen, in der Sie sich ganz auf die Meditation einlassen können. Nehmen Sie sich am besten eine halbe Stunde ganz für sich, damit Sie Zeit haben, sich auf die Chakra-Meditation einzustimmen und sie durchzuführen, ohne danach sofort wieder zu den Verpflichtungen des Alltags zurückkehren zu müssen.

Sie können die Meditationen im Sitzen oder Liegen durchführen – spüren Sie einfach in sich hinein, was Ihnen im betreffenden Moment am besten erscheint, und sorgen Sie unabhängig von Ihrer Haltung dafür, dass Sie es bequem haben und Ihren Körper gut entspannen können.

Wenn Sie im Sitzen meditieren wollen, sollten Sie vor allem darauf achten, dass Ihr Rücken frei aufgerichtet ist und weder der Kopf noch die Schultern nach vorn hängen. Nehmen Sie eine Sitzposition ein, in der Sie sich wohlfühlen: Dies kann sowohl im Lotos- oder Schneidersitz auf einem kleinen Kissen auf dem Boden sein, als auch auf einem Stuhl (lehnen Sie sich hierbei aber nicht an). Auch Meditationskissen oder -hocker sind ein bewährtes Hilfsmittel, um bequem aufrecht zu sitzen. Bei der Chakra-Meditation im Sitzen wird vor allem die innere Wachheit gefördert, und der meditative Bewusstseinszustand wird meist sehr intensiv wahrgenommen.

Bei der Meditation im Liegen wird der entspannende Aspekt der Meditation besonders gefördert. Viele Menschen finden im Liegen zumindest am Anfang auch leichter in tiefe Entspannung. Es ist nicht schlimm, wenn Sie im Liegen während der Meditation einschlafen. Oft ist es sogar der erste Schritt auf dem Weg zur Heilung, wenn sich der Körper im Schlaf völlig entspannt und Sie etwas von der Ruhe und Losgelöstheit finden, die Ihnen sonst möglicherweise fehlen. Wenn Sie die Meditation im Liegen durchführen wollen, eignet sich dafür am besten eine nicht allzu weiche Unterlage. Sie können sich auf ein Bett oder auf ein ausreichend großes Sofa legen, falls Ihr Rücken dabei nicht zu sehr durchhängt. Sonst können Ihnen auch ein weicher Teppich oder einige Decken auf dem Fußboden als Liegefläche dienen. Legen Sie Ihren Kopf auf ein flaches Kissen oder eine zusammengefaltete Decke, sodass das Kinn nicht zur Brust gedrückt wird. Viele Menschen empfinden das Liegen als bequemer, wenn sie außerdem ein kleines Kissen unter ihre Knie legen.

Führen Sie eine Chakra-Meditation möglichst nicht gerade dann durch, wenn Sie gleich im Anschluss Auto fahren oder konzentriert arbeiten müssen. Das Bewusstsein braucht nach der Meditation oft noch etwas Zeit, um wieder völlig im aktiven Wachzustand anzukommen. Auch kann sich die Wirkung der Meditation besser entfalten, wenn Sie danach entspannt und in Ihrem eigenen Rhythmus aktiv sein können.

Die Atmung

Die Atmung ist eine der wichtigsten Quellen der universellen Lebensenergie Prana. Ohne die Aufnahme von Prana verkümmert das feinstoffliche Energiesystem des Körpers, und die Chakras können ihre Aufgaben nicht mehr erfüllen. Daher ist die Atmung auch ein wichtiger Aspekt der Chakra-Meditationen. Das bedeutet jedoch nicht, dass Sie während der harmonisierenden Meditation auf eine bestimmte Weise atmen müssen – ganz im Gegenteil. Je natürlicher und freier Ihr Atem fließen kann, desto besser werden die Chakras mit Prana versorgt. Verzichten Sie daher bewusst darauf, den Atem zu forcieren oder mit der Kraft Ihres Willens zu lenken, sondern lassen Sie ihn ganz von selbst entspannt strömen. Es ist durchaus erwünscht und sinnvoll, dass sich die Atmung während der Meditation leicht vertieft – dies soll jedoch grundsätzlich von selbst geschehen und keinesfalls gesteuert oder gar erzwungen werden. Die Kraft

Ihrer Atmung unterstützt Ihren Körper wie auch Ihre Seele bei allen Heilungsprozessen. Vertrauen Sie der Weisheit Ihres Körpers und Ihres Unterbewusstseins, die Ihren Atem genau in die richtigen Bahnen lenken werden, wenn Sie es nur zulassen.

Bei sich ankommen

Je stärker Sie sich auf die Chakra-Meditation einlassen, desto intensiver wird ihre Wirkung ausfallen. Daher sollten Sie sich vor dem Beginn jeder Meditation noch einmal bewusst einen Moment Zeit nehmen, um ganz bei sich selbst anzukommen und zu Ihrer inneren Mitte zu finden. Befreien Sie sich von den Aufregungen des Alltagsbewusstseins, und lassen Sie Ihre Gedanken zur Ruhe kommen, soweit das möglich ist. Versuchen Sie, sie während der Vorbereitung zur Meditation so gut es geht, bewusst loszulassen – als ob Sie sie mit den Schuhen ausziehen und vor der Tür stehen lassen würden.

Eine gute Möglichkeit, schnell und einfach zu seiner inneren Mitte zu finden, ist die bewusste Achtsamkeit. Sie können Sie entweder auf Ihren Atem richten und einige Minuten lang entspannt beobachten, wie er in Ihren Körper hinein- und wieder hinausströmt. Oder Sie richten Sie auf Ihren Körper, den Sie dabei gleich von den Zehenspitzen bis zum Kopf entspannen können: Konzentrieren Sie sich zuerst auf Ihre Zehen und Füße, und spüren Sie den Gefühlen darin nach – sind sie warm oder kalt, locker oder verkrampft, zieht oder drückt irgendwo etwas? Dann lassen Sie bewusst mit einem tiefen Atemzug alle Anspannung in Ihren Füßen und Zehen los.

Lassen Sie Ihr Bewusstsein auf dieselbe Weise durch Ihren gesamten Körper wandern, zuerst durch die Beine, dann durch die Hüften und das Becken, durch den Bauch, den Brustkorb, Arme und Hände und zuletzt Rücken, Schultern, Hals und Nacken sowie den Kopf. Spüren Sie dabei immer zuerst für einen

Moment den Empfindungen in diesem Bereich nach, und lassen Sie danach tief ausatmend alle Spannungen darin los. Am Ende dieser kurzen, aber effektiven Übung werden Sie sich rundum entspannt und in sich ruhend fühlen; dann sind Sie bereit, sich ganz auf die Wirkung der Chakra-Meditation einzulassen.

Abschluss der Meditation

Ruhen Sie nach der Meditation noch einige Atemzüge lang in dem Gefühl, beständig von Ihren Chakras mit all der Energie versorgt zu werden, die Sie brauchen, um geistig und körperlich gesund zu sein oder zu werden und sich wohl und ausgeglichen zu fühlen. Kehren Sie dann langsam zum Alltagsbewusstsein zurück und öffnen Sie die Augen.

Die Chakra-Meditationen sind mehr als »seelische Medikamente«. Sie sind ein Hilfsmittel, um Ihre Seele wachsen zu lassen. Damit aber die Seele wirklich wachsen und zur vollen Entfaltung kommen kann, bedarf sie der Pflege.
Sie säen die Samen, die reifen und zu Blüten werden. Säen Sie daher das, was Sie später ernten wollen. Jäten Sie das Unkraut im Garten Ihrer Seele und pflegen Sie die zarten wachsenden Pflanzen der Güte, der Offenheit, der Vergebung, vor allem aber – der mitfühlenden Liebe.

1 Das Wurzelchakra

Das Wurzelchakra ist das unterste Chakra, es liegt auf Höhe des Beckenbodens und bildet die Basis für die darüberliegenden Chakras. Sein Sanskrit-Name *Muladhara-Chakra* setzt sich aus den Begriffen *mula*, »Wurzel«, und *adhara*, »Stütze«, zusammen und beschreibt diese Funktion somit sehr treffend.
Die zentralen Entwicklungsthemen des Wurzelchakras sind Stabilität, Sicherheit und Urvertrauen. Die Energie des Chakras sorgt dafür, dass wir uns geerdet und geborgen fühlen, und sie verleiht uns Lebensenergie und Lebenswillen. Das Chakra verbindet uns mit der Energie der Erde und ist die Quelle starker Lebensenergien, die auch die übrigen Chakras mit beleben.
Die Farbe des Wurzelchakras ist Rot, und es ist dem Element Erde zugeordnet. Rot ist die Farbe der Lebenskraft und Leidenschaft, die von diesem Energiezentrum gespeist werden. Das Element Erde verweist auf die Stabilität, die es verleiht, und steht für den materiellen Ursprung unserer irdischen Existenz.
In psychischer Hinsicht wirkt sich das Wurzelchakra vor allem auf unsere Lebenskraft und unser Urvertrauen aus. Ein gesundes Wurzelchakra verleiht die Energie, die nötig ist, um mit beiden

Beinen fest im Leben zu stehen. Es stärkt den Willen zum Leben und ist der Ursprung des Selbsterhaltungstriebes.
Erfolgreiche, durchsetzungsstarke Menschen verfügen oft über ein besonders gut arbeitendes Basiszentrum. Die Energie dieses Chakras hilft ihnen dabei, für ihre materielle Sicherheit zu sorgen. Oft entfalten sie viel Ausdauer darin, sich all das zu erarbeiten, was das Leben angenehm und sicher macht.
Auch das Urvertrauen gehört zu den grundlegenden Elementen für ein erfolgreiches Leben. Es verleiht uns Sicherheit und die Gewissheit, dass wir auch angesichts von Problemen oder Rückschlägen stets aufs Neue die Kraft finden werden, voranzuschreiten und unser Leben in die Hand zu nehmen.
Zudem schenkt das erste Chakra Erdung und Naturverbundenheit. Es hilft dabei, die grundlegende Verbindung zur Erde, die uns trägt und unsere Existenz erst ermöglicht, nicht zu vergessen und uns mit ihrer belebenden Energie zu verbinden.

Meditation für das Wurzelchakra

Stellen Sie sich einen roten Energiewirbel im Bereich Ihres Beckenbodens vor. Stellen Sie sich vor, wie Sie mit jedem Einatmen Energie aufnehmen, die in diesen Energiewirbel strömt. Beim Ausatmen verteilt sich die Energie aus dem ersten Chakra in Ihrem gesamten Körper und durchzieht ihn mit ihrem stärkenden roten Licht. Beobachten Sie dies einige Atemzüge lang und sprechen Sie dann innerlich dreimal im Rhythmus mit Ihren Atemzügen die folgende Affirmation:
»Ich vertraue der Kraft der Erde und spüre meinen Körper.«
Lassen Sie danach die Kraft dieser Worte und die Energie des Wurzelchakras noch einige Atemzüge lang auf sich wirken, während Sie weiter vor Ihrem inneren Auge beobachten, wie der rote Energiewirbel des Chakras mit jedem Atemzug neue Energie aufnimmt und im Körper verteilt.

2 Das Sakralchakra

Das Sakralchakra ist das zweite Chakra und liegt auf Höhe des Kreuzbeins. Im Sanskrit lautet sein Name *Svadhisthana-Chakra*, wobei *svadhisthana* so viel wie »Süße« oder »Lieblichkeit« bedeutet.

Die wesentlichen Entwicklungsthemen des Sakralchakras sind Sexualität, Kreativität und Lebenslust. Dieses Chakra spielt eine wesentliche Rolle für die Fortpflanzung, aber auch für unser Selbstbewusstsein als schöpferische Individuen. Es ist das Zentrum der weiblichen Energie und hilft uns dabei, Kontakt zu den weiblichen Aspekten unseres Wesens und zu unserem Unterbewusstsein aufzunehmen.

Die Farbe des Sakralchakras ist Orange. Orange symbolisiert Aktivität und Lebenslust und hat eine anregende Wirkung auf Körper, Seele und Geist. Das dem zweiten Chakra zugeordnete Element ist das Wasser. Wasser steht für Beweglichkeit und Flexibilität, und es ist ein Hinweis auf den Fluss von Leben und Energie, der alles Sein durchzieht. Aber auch seine reinigende und verwandelnde Kraft und die Lebendigkeit des fließenden

Wassers gehen in die Bedeutung dieses Elements für das Sakralchakra mit ein. Darüber hinaus ist das Wasser ein Hinweis auf die Tiefen unseres Unterbewusstseins, die uns die Beschäftigung mit diesem Chakra erschließen kann.

In psychischer Hinsicht sorgt das Sakralchakra insbesondere dafür, dass uns stets genügend schöpferische Lebensenergie zur Verfügung steht und wir das Leben mit allen Sinnen genießen können.
Während sich die schöpferische Energie des Chakras auf körperlicher Ebene vor allem in der Sexualität und Fortpflanzung ausdrückt, ist sie auf psychischer Ebene die Quelle unserer Kreativität. Wenn diese Energie frei fließen kann, fällt es leicht, Neuschöpfungen zu verwirklichen und kreative Ideen in die Tat umzusetzen.
Durch das zweite Chakra können wir darüber hinaus den Kontakt zu unserer ursprünglichen Lebenslust aufnehmen. Menschen mit einem harmonisch arbeitenden Sakralchakra zeichnen sich oft durch eine besondere Vitalität und Lebensfreude aus, und es fällt ihnen leicht, die schönen Seiten ihres Lebens zu bejahen und mit allen Sinnen zu genießen. Dies wirkt sich auch auf ihr Selbstbewusstsein positiv aus, und durch ihre mitreißende Begeisterungsfähigkeit haben sie meist eine sehr anziehende Ausstrahlungskraft auf andere.
Nicht zuletzt ist eine gute Verbindung zum eigenen Sexualchakra die Voraussetzung dafür, den eigenen Körper ganz und gar anzunehmen und sich vollkommen auf seine Sexualität und Sinnlichkeit einlassen zu können. Dies ist die Grundlage für jede erotische Begegnung mit einem anderen Menschen und damit auch für eine in jeder Hinsicht erfüllte Partnerschaft.

Meditation für das Sakralchakra

Stellen Sie sich vor Ihrem inneren Auge einen orangefarbenen Energiewirbel vor, der etwa eine Handbreit unterhalb Ihres Nabels und oberhalb der Geschlechtsorgane in Ihrer Körpermitte entspringt. Stellen Sie sich dann vor, wie Sie jedes Mal, wenn Sie einatmen, Energie aufnehmen, die in diesen Energiewirbel strömt. Beim Ausatmen verteilt sich die Energie aus dem zweiten Chakra in Ihrem gesamten Körper und erfüllt ihn mit sinnlichem orangefarbenem Licht. Beobachten Sie dies einige Atemzüge lang und sprechen Sie dann innerlich dreimal im Einklang mit Ihren Atemzügen die folgende Affirmation:
»Ich genieße das Leben mit allen Sinnen.«
Lassen Sie die Kraft dieser Worte und die Energie des Sakralchakras noch einige Atemzüge lang auf sich wirken, während Sie weiterhin vor Ihrem inneren Auge sehen, wie der orange Energiewirbel des Chakras mit jedem Atemzug neue Energie aufnimmt und im Körper verteilt.

3 Das Nabelchakra

Das Nabelchakra ist das dritte Chakra und befindet sich auf Höhe des Magens. Sein Sanskrit-Name *Manipura-Chakra* weist darauf hin, dass dieses Chakra als besonders energiereich angesehen wird: *Manipura* bedeutet »leuchtender Juwel« oder auch »Stätte der Juwelen«.

Das Nabelchakra ist von zentraler Bedeutung für die Entwicklung der Persönlichkeit. Seine wichtigsten Themen sind Willenskraft, Durchsetzungsvermögen und die Kraft der Gefühle. Außerdem ist es eine wichtige Quelle der Lebensenergie Prana und verleiht uns Kraft und Lebendigkeit.

Die Farbe des Nabelchakras ist Gelb, Goldgelb oder Gold, da es wie eine leuchtende Sonne den Körper durchstrahlt. Dieses Chakra ist dem Element Feuer zugeordnet, mit dessen vitaler, feuriger Energie es den gesamten Organismus erfüllt.

In psychischer Hinsicht ist die harmonische Funktion des Nabelchakras wesentlich für die Bildung einer gesunden Persönlichkeit. Es beeinflusst die Fähigkeit, sich seiner selbst bewusst zu werden und die eigenen Gedanken, Gefühle und Wünsche kennenzulernen. Menschen mit einem starken Nabelchakra sind sich ihrer Identität und Individualität bewusst und verfügen über eine starke Persönlichkeit. Sie haben die Energie und das Durchsetzungsvermögen, um ihre Ziele zu verwirklichen und die Welt aktiv mitzugestalten, und das Feuerelement verleiht ihnen ein hohes Maß an Lebendigkeit.

Dabei stehen sie immer in enger Verbindung mit ihren Gefühlen und lassen diesen auch oft freien Lauf: Ob sie weinen oder lachen, traurig sind oder einen Wutausbruch bekommen, sie leben ihre Gefühle aus und schöpfen neue Kräfte aus ihnen. Auch Sensibilität und Mitgefühl sind bei ihnen stark ausgeprägt, und die Energie des Chakras verleiht ihnen viel menschliche Wärme.

Das Nabelchakra verleiht die Fähigkeit, mit Geduld und Ausdauer auch schwierige Lebenssituationen zu bestehen. Seine Energie ist die Voraussetzung für ein erfolgreiches, aktives Leben – abhängig davon, wie der Einzelne den Erfolg für sich selbst definiert. Die Energie dieses Chakras schenkt Selbstbewusstsein und Tatkraft, und sie hilft dabei, ein gesundes Gleichgewicht zwischen Emotionalität und Selbstkontrolle zu finden. Sie stärkt die Willenskraft und damit die Fähigkeit, selbstständig und unabhängig alle Entscheidungen zu treffen, die für die Verwirklichung der eigenen Lebensziele vonnöten sind.

Meditation für das Nabelchakra

Stellen Sie sich eine leuchtende gelbe Sonne voller Energie vor, die auf Höhe Ihres Magens erstrahlt. Ihr Zentrum liegt auf Ihrer Wirbelsäule. Sehen Sie, wie Sie mit jedem Atemzug Energie aufnehmen, die sich in diesem Energieball sammelt. Beim Ausatmen verteilt sich die Energie jedes Mal in Ihrem Körper und erfüllt ihn mit ihrem aktivierenden gelben Licht. Beobachten Sie, wie die gelbe Sonne in Ihrer Körpermitte mit jedem Atemzug intensiver strahlt, und stellen Sie sich vor, wie Sie dabei zusätz-

liche Energie speichert. Dann sprechen Sie innerlich dreimal im Rhythmus mit Ihren Atemzügen die folgende Affirmation:
»Ich vertraue meinen Gefühlen und meiner Spontaneität.«
Lassen Sie diese Worte und die Energie des Nabelchakras noch einige Atemzüge lang auf sich wirken, während Sie weiterhin vor Ihrem inneren Auge beobachten, wie die gelbe Energiesonne des Chakras mit jedem Atemzug neue Energie aufnimmt und im Körper verteilt.

4 Das Herzchakra

Das Herzchakra ist das vierte Chakra und befindet sich auf der Höhe des Herzens in der Mitte des Brustkorbs. Es ist das Zentrum des Chakra-Systems und bildet die Mitte, das Zentrum des Menschen selbst. Im Sanskrit lautet sein Name *Anahata-Chakra*. *Anahata* bedeutet so viel wie »unbeschädigt« oder »nicht angeschlagen«, was darauf hinweist, dass wir in unserem spirituellen Zentrum geborgen und frei von jedem Makel sind.

Das Herzchakra ist das Zentrum der universellen, überpersönlichen Liebe und die Basis unserer Menschlichkeit. Die Liebesenergie, deren Quelle es ist, ist nicht mit der leidenschaftlichen, erotischen oder romantischen Liebe zu verwechseln, als deren Symbol das Herz in der westlichen Kultur gerne verwendet wird und die sich nur auf einen oder wenige Menschen richtet. Die Liebesenergie des Herzchakras ist dagegen eine Kraft, die uns vom Ich-Bewusstsein zum Wir-Bewusstsein führt: Sie öffnet uns dafür, unseren Mitmenschen selbstlos und mitfühlend zu begegnen, und überschreitet dabei persönliche Sympathien oder Antipathien.

Die Farbe des Herzchakras ist Grün. Während die oft mit dem Herzen assoziierte Farbe Rot die Leidenschaft symbolisiert, die wir beim Verliebtsein für einen bestimmten Menschen empfinden, steht Grün für Harmonie und Ausgeglichenheit – und damit für die in sich ruhende, für alles und alle offene Qualität der selbstlosen Liebe. Dem vierten Chakra ist das Element Luft zugeordnet, das an seine Bedeutung für die Atmung erinnert, aber auch einen Hinweis auf die Offenheit birgt, die die Energie dieses Chakras mit sich bringt.

Das Herzchakra verleiht die Fähigkeit, egoistische Interessen und die eigenen Begrenzungen zu überschreiten. Seine Energie weckt echtes Mitgefühl in uns, und sie ermöglicht es uns, uns in andere hineinzuversetzen und ein tiefes Verständnis für sie zu entwickeln.

Menschen mit einem starken Herzchakra zeichnen sich daher meist durch ein hohes Maß an Toleranz und die Fähigkeit zu wahrer Nächstenliebe aus. Es gelingt ihnen jedoch nicht nur, anderen Menschen, Ideen oder Kulturen mit Offenheit und Verständnis zu begegnen, sondern sie nehmen auch sich selbst mit all ihren Eigenheiten und möglichen Schwächen liebevoll an. Daher können sie ganz sie selbst sein, ohne sich anderen gegenüber zu verstellen oder hinter künstlichen Masken zu verstecken.

Die Energie des Herzchakras verleiht die Hingabe und Demut, die nötig sind, um sich des eigenen Wertes bewusst zu sein und sich trotzdem nicht zu wichtig zu nehmen. Wenn sie frei fließen kann, ist es leicht, tiefe und vertrauensvolle Beziehungen zu anderen Menschen aufzubauen und Verantwortung für sich selbst wie auch für andere zu übernehmen.

Meditation für das Herzchakra

Sehen Sie vor Ihrem inneren Auge eine grüne Sonne voller Energie, die in der Mitte Ihres Brustkorbs leuchtet. Stellen Sie sich vor, wie Sie mit jedem Einatmen Energie aufnehmen, die in diesen Energieball strömt. Bei jedem Ausatmen verteilt sich die Energie in Ihrem gesamten Körper und erfüllt ihn mit ihrem beruhigenden grünen Licht. Beobachten Sie dies für einige Atemzüge und sprechen Sie dann innerlich im Einklang mit Ihrem Atem dreimal die folgende Affirmation:
»Ich schenke mir und anderen Liebe und Mitgefühl.«
Lassen Sie diese Worte und die Energie des Herzchakras noch einige Augenblicke lang auf sich wirken und betrachten Sie dabei weiter vor Ihrem inneren Auge, wie der grüne Energieball des Chakras mit jedem Atemzug neue Energie aufnimmt und im Körper verteilt.

5 Das Halschakra

Das Halschakra ist das fünfte Chakra und liegt auf Höhe des Kehlkopfes. Sein Sanskrit-Name lautet *Vishuddha-Chakra* und leitet sich von *vishuddhi* ab, was »reinigen« bedeutet. Der Name weist auf die reinigende, klärende Wirkung hin, die die Energie des Chakras auf das Bewusstsein hat.

Die zentralen Entwicklungsthemen des Halschakras sind die Kommunikation und das Bewusstsein für Worte und ihre Bedeutung – und auch für die Wahrheit. Das fünfte Chakra ist das Zentrum des Klangs, der eine entscheidende Rolle für die Übermittlung von Informationen und Stimmungen spielt. Seine Energie ist sowohl für das Sprechen als auch für das Hören unverzichtbar.

Darüber hinaus hat das Halschakra eine besondere Bedeutung als Vermittler zwischen Fühlen und Denken, da es das Herzchakra und das Stirnchakra miteinander verbindet.

Die Farbe des Halschakras ist ein helles Blau, die Farbe des weiten Himmels, die für Ausdehnung und Klarheit steht. Das dem Halschakra zugeordnete Element ist der Äther, der Weite, Raum und Reinheit symbolisiert. Äther weist über die Welt der

Materie hinaus und verbindet sie mit den feinstofflichen Ebenen. Im Yoga wird Äther als Träger des Klangs angesehen und ist damit das Medium für jede Kommunikation.
Die Fähigkeit zur Kommunikation und vor allem die Sprache sind das wichtigste Bindeglied zwischen unserem Inneren und der Außenwelt. Die Energie des Halschakras hilft dabei, einen bewussten Umgang mit Worten zu entwickeln und einen gesunden Selbstausdruck zu finden. Menschen, deren Halschakra gut arbeitet, können meist sehr gut mit Sprache umgehen. Sie wissen, wie sie ihre Stimme und deren Klang einsetzen müssen, um mit ihren Worten nicht nur Informationen, sondern auch Gefühle auszutauschen. So ist es ihnen möglich, sich anderen auf allen Ebenen der Kommunikation weit über das Gesagte hinaus mitzuteilen.
Das Halschakra ist der Schlüssel zur Musikalität – sogar für Menschen, die selbst kein Instrument spielen oder sich sogar für unmusikalisch halten. Klänge können unsere Seele berühren und unsere Stimmung in Sekundenschnelle verändern, wenn die Energie des fünften Chakras frei fließen kann. Nicht nur Musik, sondern auch Sprache und selbst unsere Gedanken können auf diese Weise unser Wohlbefinden und unser Lebensgefühl beeinflussen.
Das Halschakra ist das Bindeglied zwischen den Welten unseres Fühlens und Denkens. Es hilft dabei, unsere Stimmungen und Gefühle in Worte zu fassen und auszudrücken, und macht sie so auch für uns selbst besser fassbar. Gleichzeitig trägt es dazu bei, eine Überbetonung des Intellekts zu vermeiden, da es unsere Gedanken und Überlegungen mit den zugehörigen Gefühlen verbindet.
Darüber hinaus hat das fünfte Chakra großen Einfluss auf kognitive Prozesse wie die Fähigkeit, etwas Neues zu lernen – denn wirklich angeeignet haben wir uns neues Wissen meist erst dann, wenn wir es selbst in eigenen Worten wiedergeben können.

Auch die Unterscheidungs- und Entscheidungskraft und das rationale Denken hängen eng mit dem Energiefluss in diesem Chakra zusammen, sodass es letztlich auch eine wichtige Rolle für die Entwicklung unserer Identität und ein harmonisches Ich-Bewusstsein spielt.

Meditation für das Halschakra

Stellen Sie sich vor Ihrem inneren Auge einen hellblauen Energiewirbel vor, der auf Höhe des Kehlkopfes Ihrer Halswirbelsäule entspringt. Beobachten Sie, wie dieser Energiewirbel jedes Mal, wenn Sie einatmen, neue Energie aufnimmt. Bei jedem Ausatmen wird diese Energie in Ihrem gesamten Körper verteilt und erfüllt ihn mit ihrem klärenden hellblauen Licht. Schenken Sie diesem Energiefluss für einige Atemzüge Ihre ganze Aufmerksamkeit und sprechen Sie dann innerlich dreimal im Rhythmus mit Ihren Atemzügen die folgende Affirmation:
»Ich öffne mich für die Kraft der Wahrheit.«
Lassen Sie diese Worte und die Energie des Halschakras einige Atemzüge lang auf sich wirken. Sehen Sie dabei weiter vor Ihrem inneren Auge, wie sich die hellblaue Energie des Chakras bei jedem Einatmen in ihm sammelt und bei jedem Ausatmen im Körper verteilt wird.

6 Das Stirnchakra

Das Stirnchakra ist das sechste Chakra und liegt oberhalb der Nasenwurzel zwischen den Augenbrauen. Sein Sanskrit-Name lautet *Ajna-Chakra* – *ajna* bedeutet »wissen« oder »wahrnehmen«. Häufig wird das Stirnchakra auch als »Drittes Auge« bezeichnet.

Das Stirnchakra ist das geistige Zentrum der Erkenntnis und Intuition. In seinem Einflussbereich enden die beiden wichtigen Energiebahnen Ida und Pingala, die vom unteren Ende der Wirbelsäule entlang dieser verlaufen und die beiden Pole weiblich-männlich, Mond und Sonne repräsentieren. Daher kann durch die auf dieses Chakra ausgerichtete Meditation das Denken von der Dualität befreit werden.

Die Farbe des Stirnchakras ist Indigoblau oder Dunkelblau, das die Weite des Kosmos, aber auch die Tiefe des Ozeans symbolisiert und daran erinnert, dass die Energie des Stirnchakras die Erkenntnis höherer Wirklichkeiten und das Erlangen tiefer Weisheit ermöglicht. Dem Stirnchakra ist weder ein Element noch ein Symboltier zugeordnet, da es über die materielle Ebene weit hinausreicht.

Wenn die Energie des Stirnchakras frei fließen kann, fällt es leicht, geistige Klarheit zu entwickeln. Die Energie dieses Chakras ermöglicht es, zu höheren Erkenntnissen zu gelangen, und sich nicht länger durch Täuschungen oder Illusionen vom Erkennen der Wahrheit ablenken zu lassen. Auch Probleme können dadurch aus einem höheren Blickwinkel betrachtet werden, was es erlaubt, leichter eine Lösung für sie zu finden.

Das Stirnchakra ist das Zentrum der Intuition und Erkenntnis. Es erlaubt uns, das Alltagsbewusstsein zu überschreiten und höhere Wirklichkeiten wahrzunehmen. Stirnchakra-Meditationen führen nicht selten zu Lichterfahrungen. Menschen mit einem gut entwickelten Stirnchakra haben oft einen Hang zu Visionen und können Dinge vorausahnen, da sie ein sehr feines Gespür haben – fast wie einen siebten Sinn.

Die wichtigste Aufgabe, die das Stirnchakra für uns birgt, ist die Selbsterkenntnis – nicht unseres weltlichen Egos, sondern des höheren Selbst, das weit darüber hinausgeht. Seine Energie ermöglicht die Verbindung zur eigenen Seele und das Erfahren einer Ganzheit, die die Dualität und Getrenntheit dieser Welt weit hinter sich lässt.

Darüber hinaus ist das Stirnchakra die Quelle unserer Fantasie. Es verleiht uns die Fähigkeit, innere Bilder zu erzeugen, und stärkt unsere Vorstellungskraft. Mit seiner Hilfe fällt es leicht, Ziele zu visualisieren, sich abstrakte Phänomene bildlich vorzustellen und Visionen für die eigene Zukunft zu entwickeln.

Meditation für das Stirnchakra

Sehen Sie vor Ihrem inneren Auge einen dunkelblauen Energiewirbel, der in der Mitte Ihrer Stirn zwischen Ihren Augenbrauen entspringt. Stellen Sie sich vor, wie dieser Energiewirbel bei jedem Einatmen neue Energie aufnimmt. Bei jedem Ausatmen verteilt sich diese Energie in Ihrem ganzen Körper und erfüllt

ihn mit ihrem intensiven dunkelblauen Licht. Richten Sie Ihre ganze Aufmerksamkeit für einige Atemzüge auf diesen Energiefluss. Dann sprechen Sie innerlich dreimal im Einklang mit Ihren Atemzügen die folgende Affirmation:
»Ich öffne mich für mein inneres Licht.«
Lassen Sie die Kraft dieser Worte und die Energie des Stirnchakras für einige Atemzüge weiter auf sich wirken, während Sie weiter vor Ihrem inneren Auge beobachten, wie der dunkelblaue Energiewirbel des Chakras mit jedem Atemzug neue Energie aufnimmt und im Körper verteilt.

7 Das Kronenchakra

Das Kronenchakra ist das siebte und höchste Chakra und findet sich am Scheitelpunkt des Kopfes. Sein Sanskrit-Name lautet *Sahasrara-Chakra. Sahasrara* bedeutet »tausend«, »tausendfältig« oder »tausendfach«, wobei die Zahl nicht wörtlich zu verstehen ist, sondern eher »unzählig« meint und höchste Vollendung und Vollkommenheit repräsentiert.

Die zentralen Themen des Kronenchakras sind Spiritualität, Selbstverwirklichung und Erleuchtung. Im höchsten der sieben Chakras endet die Energiebahn Sushumna, die der wichtigste Energiekanal des feinstofflichen Körpers ist. Sie verläuft vom Wurzelchakra bis zum Kronenchakra und verbindet dabei alle sieben Chakras. In der hinduistischen Überlieferung steigt die schöpferische Urenergie der Göttin Shakti, die den weiblichen Pol repräsentiert, entlang dieses Energiekanals durch die Chakras auf bis zum Kronenchakra. Dies ist der Sitz des universellen Bewusstseins, das durch den Gott Shiva – den männlichen Pol – repräsentiert wird. Mit der Verschmelzung der beiden Energien wird die Erleuchtung erreicht und die endgültige Loslösung aus dem Kreislauf der Wiedergeburten.

Meditation für das Kronenchakra

Stellen Sie sich einen strahlend weißen Energiewirbel vor, der dem höchsten Punkt Ihres Kopfes entspringt. Stellen Sie sich vor, wie Sie jedes Mal, wenn Sie einatmen, Energie aufnehmen, die in diesen Energiewirbel strömt. Bei jedem Ausatmen wird diese Energie in Ihrem gesamten Körper verteilt und erfüllt ihn mit ihrem reinen weißen Licht. Beobachten Sie dies einige Atemzüge lang und sprechen Sie dann innerlich dreimal im Rhythmus mit Ihren Atemzügen die folgende Affirmation:
»Ich bin bewusst in jedem Augenblick.«
Lassen Sie die Kraft dieser Worte und die Energie des Kronenchakras noch einige Atemzüge lang auf sich wirken, und sehen Sie dabei weiter vor Ihrem inneren Auge, wie der weiße Energiewirbel des Chakras mit jedem Atemzug neue Energie aufnimmt und im Körper verteilt.

Zum Abschied

Ich hoffe, dass dieses Buch dazu beigetragen hat, Ihre Neugier auf das Phänomen der Energiezentren in uns – den Chakras – zu wecken. Das Wissen um die Chakras kann Ihnen in vielen Lebenssituationen, in denen Sie Schwierigkeiten oder Hindernissen gegenüberstehen, helfen, die richtige Entscheidung zu treffen. Doch auch wenn es darum geht, seelische Belastungen oder sogar körperliche Beschwerden zu verstehen und zu überwinden, brauchen wir tiefes Verständnis, um zu einer Lösung zu finden. Psychische oder körperliche Probleme sind immer nur ein Symptom einer tiefer liegenden Ursache.
Es würde mich sehr freuen, wenn »Das Geheimnis der 7 Lotosblüten« dazu beitragen konnte, Ihre Intuition zu wecken, und wenn dieses Buch Ihnen einige Inspirationen für Ihre spirituelle Reise schenken konnte. Vielleicht interessieren Sie nun die hinduistischen Götter? Dazu habe ich ein Buch geschrieben: »Shiva Shiva!«. Und falls Sie nun gar vertieft in die Welt der Chakras eintauchen wollen: Das »Chakra-Praxisbuch«, das ich vor 20 Jahren geschrieben habe, ist heute ein Standardwerk …

Ihr
Kalashatra Govinda

Glossar

Namen

*(hervorgehoben: Protagonist*innen der Haupthandlung)*

Agnimithra: Verlobter Majas, der Tochter des reichen Kaufmanns Kaligupta

Ajala: Rameshs Mutter

Amal: Der erleuchtete Lehrer, der in jeder Geschichte in unterschiedlicher Form erscheint.

Amar: Der Lehrer in Form eines Musikanten, der Majandra heilt.

Amisha: Protagonistin der Geschichte »Eine Handvoll Reis«

Anandita Aruni: größte Kurtisane Indiens

Anila: Mutter Savitris

Bhandi: Anführer einer Jugendbande

Chandra: Der »Götterschnitzer«, der an seinem Leben verzweifelt und sich ertränken will, dann aber eine verändernde Erfahrung hat.

Chira: Die Bäckerstochter, die Chandra schließlich heiratet.

Gupta: Familienname von Ranjid, dem Protagonisten der Erzählung »Der Mönch, der die Liebe vergaß«

Janani: Protagonistin der Erzählung »Janani und Kirana«

Jasleen: Rajni Naresh, Mutter von Majandra

Kakini: Der Lehrer in Form einer geheimnisvollen Dame, der Mohandas begegnet.

Kala Kilamurti: geschwätzige Frau und Protagonistin der Erzählung »Die Pusteblume«

Kaligupta: steinreicher Kaufmann und Vater von Maja und Krishna

Kama: Eine berühmte Kurtisane, die zum ersten Mal wahrhaft und unglücklich verliebt ist und dadurch schließlich ihr Leben in eine andere Bahn lenkt.

Kamala: beste Freundin von Savriti
Kapoor: Mohandas' Konkurrent im Tuchgeschäft
Karaman: Weinhändler, Vater Chandras
Karula: der Schmied, Rameshs erster Meister
Kautilya: legendäre Devadasi und Kurtisane
Kavita: Mohandas' Frau
Khurani: Anführer einer Jugendbande
Kirana: Protagonistin der Erzählung »Janani und Kirana«
Krishna: Sohn des Kaufmanns Kaligupta
Maja: Tochter des Kaufmanns Kaligupta
Majandra: Tochter des Rajas Naresh, die erst verstummt, dann aber nicht nur die Sprache, sondern auch sich selbst findet.
Mala Naga Tava: Name einer Zauberin in der Erzählung »Die drei Gaben«
Mohandas: Ein Tuchhändler, der die Kraft des Mitgefühls erkennt und Hass in Liebe verwandelt.
Mohit: Mohandas' Sohn
Naresh: Name des Rajas und der Rajni, der Eltern Majandras
Pramod: Protagonist der Erzählung »Die drei Gaben«
Prem: Sohn Amishas
Rahul: Ehemann von Amisha
Ramesh: Der Korbflechterjunge, der zum Schwertschmied wird und sein Schicksal verändert.
Ranjid: Protagonist der Erzählung »Der Mönch, der die Liebe vergaß«
Ravi: Vater von Ramesh
Savitri: Eine Heilerin, die von Wahnvorstellungen geheilt und zur wahren geistigen Heilerin wird.
Tejas: Der Musikant, der Majandras Mutter verführt.

Begriffe

Asura: dämonischer Geist
Bansuri: Querflöte, meist aus Bambus
Banyanbaum: indischer Feigenbaum
Bilvabaum: indische Quitte, ein Obstbaum
Chai: gewürzter Schwarztee mit Milch
Deva: lichtvoller Geist
Devadasi: Tempeltänzerin
Ganesh-Chaturthi-Fest: Ein Fest, bei dem Ganesha geehrt wird. Ganesh Chaturthi ist Ganeshas Geburtstag. Das Fest ist veränderlich, der Termin wird nach dem indischen Mondkalender festgelegt, meist Ende September.
Jharkhand: indische Provinz
Kamasutra: »Verse des Begehrens«, ein fast 2000 Jahre altes Buch, das Positionen beim Geschlechtsverkehr beschreibt.
Karma: das durch früheres Handeln bedingte Schicksal, das Gesetz von Ursache und Wirkung
Kundalini: Im Tantrismus und Yoga eine metaphorische Schlange, die an der Basis der Wirbelsäule zusammengerollt schläft, aber durch Übungen oder spontan geweckt werden kann und dabei zu außergewöhnlichen Zuständen und zur Reinigung der Chakras führt.
Kurta: Einfaches traditionelles Kleidungsstück, das in Südasien meist von Männern getragen wird.
Kurtisane: Eine Frau, die Liebesdienste für auserwählte Adlige oder Reiche anbietet.
Maan: Mutter
Mahadeva-Kloster: Kloster der Großen Gottheit (Shiva)
Maharaja: »Großfürst«, König
Namaste: Friedensgruß, wörtlich: »Verbeugung dir!«. Dabei werden die Hände gefaltet und auf der Höhe des Herzens gehalten, und der Kopf wird leicht gebeugt. Je höher der Begrüßte steht, desto höher werden die gefalteten Hände ge-

halten. In Indien ist die Geste »Namaste« – das Wort wird allerdings nicht gesprochen.

Pita: Vater

Raja: Fürst

Rajni: Fürstin

Rigveda: Der älteste Teil der heiligen Schriften des Hinduismus (den Veden). Die Rigveda ist mindestens 3500 Jahre alt.

Santur: eine in ganz Asien verbreitete Art Hackbrett (Musikinstrument)

Sari: ein in Indien sehr verbreitetes Kleidungsstück für Frauen, ein ungenähter Wickelrock mit einseitigem Schulterüberwurf

Sitar: eine Langhalslaute mit vielen Resonanzsaiten

Sri: respektvolle Anrede

Sutra: Vers, Lehrrede, im Hinduismus auch kurze Auszüge aus den Veden

Swami: Lehrer, Meister

Tabla: Schlaginstrument

Tanpura: eine Langhalslaute zur Gesangsbegleitung

Tantra: Esoterische Form des Hinduismus, in der Sinnlichkeit und Spiritualität verbunden wird.

Uttarakhand: indische Provinz

Veshya: einfache Prostituierte

Wesir: der oberste Beamte am Hof eines Rajas

Gottheiten

Agni: Feuer, Gott des Feuers

Brahma: Einer der drei Hauptgötter des Hinduismus (neben Vishnu und Shiva). Sein Prinzip ist Schöpfung.

Ganesha Vinayaka: der elefantenköpfige Gott, der »Entferner der Hindernisse«

Indra: Gefährtin Ramas

Krishna: Eine Manifestation von Vishnu, die meist als junger, schöner Kuhhirte mit Bansuri-Flöte dargestellt wird.

Lakshmi: Gefährtin Vishnus

Radha: Gefährtin Krishnas

Rama: Eine Manifestation von Vishnu, wird meist als junger Mann mit dem Bogen Shivas, den er als Einziger spannen kann, dargestellt.

Sarasvati: Gefährtin Brahmas

Shiva: Einer der drei Hauptgötter des Hinduismus (neben Vishnu und Brahma). Sein Prinzip ist Zerstörung (um dem Neuen Platz zu schaffen).

Surya: Sonne, Gefährtin Agnis

Vishnu: Einer der drei Hauptgötter des Hinduismus (neben Brahma und Shiva). Sein Prinzip ist Bewahrung.